KB037022

유튜브
쫌 아는 10대
즐기는 사용자 + 의로운 감시자 되기

유튜브

쫌 아는 10대

즐기는 사용자 + 의로운 감시자 되기

금준경 글 | 하루치 그림

풀빛

유튜브라는
생태계를
탐험하기에
앞서

2006년 미국의 시사주간지 《타임》지에서 선정한 '올해의 인물'이 누구였는지 아니? 바로 "YOU"였어. 여러분이 주인공이라는 거야. 후보자로 미국, 중국, 북한, 이란의 유력 정치인들이 거론됐는데 그들을 누르고 여러분이 올해의 인물이 됐어. 《타임》지는 왜 평범한 사람들을 올해의 인물로 선정했을까?

   《타임》지가 말한 "YOU"는 '당신'을 뜻하기도 하지만 동시에 유튜브(YouTube)를 지칭한 말이기도 해. 그래서 올해의 인물로 YOU를 선정한 이유로 "유튜브를 비롯한 새로운 미디어를 통해 평범한 사람들이 새로운 디지털 민주주의의 틀을 세우고 자신들의 놀이터에서 전문가들을 눌렀기 때문"이라고 밝혔지. 인터넷 발전과 함께 유명하거나 권력이 있는 사람들

에서 평범한 사람들로 세상의 중심이 옮겨 가게 된 거야. 그리고 그 중심에 유튜브라는 서비스가 있어.

"당신의 모습을 방송하세요(Broadcast yourself)." 유튜브가 처음 세상에 나올 때 내건 슬로건이야. 2005년 갓 세상에 모습을 드러낸 유튜브에 처음 올라온 영상은 "동물원에서의 나(Me at the zoo)"라는 제목의 18초짜리 영상이었지. 유튜브의 공동창업자 중 한 사람인 자베드 카림(Jawed Karim)이 올린 영상인데, 미국 캘리포니아 샌디에이고 동물원의 코끼리 우리 앞에서 코끼리 코를 칭찬하는 내용을 담고 있어. 만일 방송사에 이런 영상을 내보내겠다고 기획한 PD가 있었다면, 이렇게 평범한 영상을 왜 방송으로 내보내냐며 핀잔을 들었을 거야. 하지만 유튜브에 최초로 올라온 이 영상은, 개인의 평범한 일상도 사람들이 주목하는 콘텐츠가 될 수 있다는 걸 보여 주는 신호탄이었어.

이제 스마트폰에 유튜브 애플리케이션을 깔지 않은 사람을 찾기 힘들 정도가 됐어. 그래서 '갓튜브(God + YouTube)'라고 부르기도 한다지. 평범한 사람도 자신의 목소리를 낼 수 있게 됐고, 무엇보다 수많은 사람들이 만들어 낸 재미있는 콘텐츠를 언제 어디서든 볼 수 있게 됐지. 어른들은 어린 시절 일요일 아침마다 방송하는 〈디즈니 만화동산〉 프로그램을 보기 위해 꾸벅꾸벅 졸면서도 텔레비전 앞에 앉아 있어야 했는데, 지금 너희들은 보고 싶은 콘텐츠를 언제 어디서나 보고 싶을 때 볼 수 있고, 콘텐츠의 종류도 무궁무진한 데다, 굳이 찾아보지 않아도 유튜브가 내 취향에 맞는 콘텐츠를 알아서 추천해 주니, 이건 꼭 축복같이 보일 정도야.

그런데 건물의 높이가 높아지면 그늘도 그만큼 깊어지잖아. 유튜브도 그래. 사람들의 관심과 사랑을 받을수록 그늘이 커졌어. 누구나 영상을 검열 없이 만들 수 있고 막강한 영향력을 갖게 된다는 특징이 악용되면서 사회적으로 문제가 되고 있지. 온갖 음모론과 허위 정보, 혐오 표현, 선정적이고 자극적인 영상이 지금 이 순간에도 쏟아지고 있으니 특히 청소년을 바라보는 어른들의 걱정이 많고.

아, 소개가 늦었네. 나는 〈미디어오늘〉이라는 매체에서 일하는 금준경 기자라고 해. 〈미디어오늘〉은 미디어 분야를 취재하는 언론사인데, 나는 그중에서도 유튜브를 비롯해 새롭게 등장하는 미디어에 대한 취재를 해 왔어. 이 책에서는 유튜브가 어떻게 세상을 바꾸었는지, 유튜브에는 어떤 '나쁜 콘텐츠'가 있고 왜 유튜브는 이런 콘텐츠를 우리에게 추천하는지, 유튜브는 콘텐츠를 자정하기 위해 어떤 노력을 하고 있고 국가와 사회는 어떻게 대처해야 하는지, 우리는 어떻게 유튜브를 받아들여야 할지 등에 관해서 같이 이야기를 나눠 보려고 해.

이 책을 통해 우리 모두가 유튜브라는 생태계 속에서 살아가는 구성원으로서 유튜브를 비판적으로 이해하고, 고민하고, 적극적으로 실천하는 "당신(YOU)"이 되었으면 해. 유튜브라면 무조건 보지 말라고 막는 부모님이나 선생님을 설득할 수 있으면 좋겠고, 이 책을 읽는 어른들도 무작정 막는 것만이 최선은 아니라는 걸 생각해 보는 계기가 됐으면 좋겠어.

자, 그럼 시작해 보자.

4　열며 유튜브라는 생태계를 탐험하기에 앞서

chapter 1 ───────────────────────────

공짜 유튜브를 보는데 누군가 부자가 되는 이유

12　할머니도 이해할 수 있게 알려 줄게, 유튜브란 무엇인가 하면

18　유튜브와 유튜버는 어떻게 돈을 벌까

27　유튜브는 어떻게 성공했을까

chapter 2 ───────────────────────────

유튜브가 허문 세상, 지어 올린 세상

34　평범한 사람들이 스타가 되고 있는걸?

41　국경을 무너뜨리다

47　민주주의에 기여하다

55　새로운 교육의 장이 되다

chapter 3 ───────────────────────────

나쁜 콘텐츠가 쏟아진다

62　음모론과 허위 정보

71　차별·혐오 표현

82　자극적·선정적 표현

87　낚시성 콘텐츠

89　기만적·선정적 광고

93　저작권 위반

chapter 4 ─────────────────────────

유튜브, 책임을 다하고 있니?

100 이게 다 알고리즘 때문이야
106 심의가 제대로 이뤄지지 않는 이유
116 개인정보와 광고

chapter 5 ─────────────────────────

막고, 벌주고, 지우면 해결될까?

128 규제라는 딜레마
141 국가와 사회의 역할
150 유튜브가 신뢰를 얻으려면

chapter 6 ─────────────────────────

우리도 할 일이 있어

160 음모론과 허위 정보에 휘둘리지 않기
169 나쁜 표현에 맞서기
172 데이터 주도권을 지키자

178 다시 열며 진짜 주인이 되려면
182 참고한 책

안녕하세요

할머니도 이해할 수 있게 알려 줄게,
유튜브란 무엇인가 하면

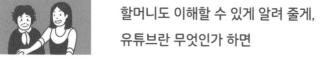

유튜브와 유튜버는 어떻게 돈을 벌까

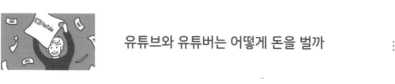

유튜브는 어떻게 성공했을까

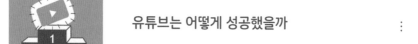

공짜 유튜브를
보는데
누군가
부자가 되는
이유

chapter 1

우리 할머니가 어디서 박막례 할머니 이야기를 들으셨나 봐요. 저한테 그 할머니가 유명해진 게 유튜브 때문이라던데 대체 유튜브가 뭐기에 그 난리냐고 물으시더라고요. 저도 유튜브를 자주 보긴 하지만 "유튜브란 뭐다" 하고 설명하자니 막막해서, 그냥 사람들이 올린 동영상을 보는 사이트라고 했어요. 그랬더니 할머니가 그때부터 줄줄이 물어보시는 거예요. 무슨 동영상을 올리는 거냐, 그러면 누가 돈을 주냐, 그런 사이트는 왜 생긴 거냐, 그냥 텔레비전을 보면 되지 왜 유튜브를 보는 거냐…. 그런데 할머니 질문을 듣다 보니 슬슬 저도 궁금해졌어요. 유튜브가 뭐냐는 할머니의 물음에 뭐라고 답해야 할까요?

할머니도 이해할 수 있게 알려 줄게, 유튜브란 무엇인가 하면

확실히 요즘 어디를 가도 유튜브 얘기인 것 같아. 너희들 같은 청소년은 물론이고 부모님, 할아버지, 할머니, 아직 초등학교도 안 간 어린아이까지, 정말 유튜브를 많이 보고 있어. 키즈 콘텐츠를 보는 아이들부터 게임 방송이나 먹방, 뷰티 방송을 보는 학생, 정치·시사 콘텐츠를 보는 어른들 모두 유튜브에 접속하지. 지하철이나 버스, 식당 등 어딜 가더라도 유튜브 보는 사람을 찾는 일이 어렵지 않을 정도니까. 그런데 막상 유튜브가 뭐냐고 물으면 당황스러울 것 같기도 해. "사람들이 올린 동영상을 보는 사이트"라는 대답이 틀린 건 아니야. 그런데 이 정도로는 할머니의 궁금증에 대한 답으로 부족할 것 같아. 이제부터 이 사이트가 어떻게 만들어졌고, 왜 사람들이 많이 이용하는지, 어떻게 유튜브가 돈을 버는지 알려 줄게.

어른들도 그렇게 유튜브를 많이 봐요? 아, 그러고 보니 우리 아빠도 유튜브로 레시피를 찾더니 주말에 괴식을 만들어 주긴 했어요. 그렇다면 도대체 얼마나 많은 사람들이 유튜브를 보는 거예요?

와이즈앱이라는 애플리케이션 분석 업체가 2018년 11월 국내 안드로이드 스마트폰 이용자를 대상으로 조사를 했어. 그 결과 전체 안드로이드 스마트폰 이용자 3800만 명 중 3122만 명이 유튜브를 쓰는 걸로 추정했지. 안드로이드 운영 체제 스마트폰을 가지고 있는 사람 대부분이 유튜브를 본다는 의미야. 모든 세대에 걸쳐 가장 많이 접속한 모바일 애플리케이션도 유튜브였어. 남녀노소 가리지 않고 많이 이용한다는 뜻이겠지. 이건 우리나라에서만 일어나는 현상이 아니야. 유튜브의 인기는 세계적이라고 할 수 있어. 유튜브에 따르면 2019년 기준으로 한 달 동안 유튜브를 이용하는 전 세계 이용자는 19억 명이었다고 해. 19억 명이라니, 이 숫자가 믿어지니? 세계 인구가 70억 명이 조금 넘으니까 서너 명 중 한 사람은 유튜브를 이용한다는 얘기야. 이 많은 사람들이 하루에 유튜브를 보는 시간은 10억 시간이야. 또한 유튜브는 91개가 넘는 국가에서 80개 언어로 서비스하고 있어. 이 정도 규모면 인터넷을 사용하는 인구 95퍼센트가 자신이 사용하는 언어로 유튜브를 이용할 수 있다고 해.

유튜브에 올라가는 영상의 규모도 상상을 초월할 정도야. '채널'이라고 알지? 유튜버가 자신의 동영상을 모아 놓은 계정을 채널이라고 하잖아. 소셜블레이드(socialblade)라는 소셜 미디어 분석 사이트 통계에 따르면 2019년 6월 기준으로 유튜브에 개설된 채널은 2940만 개에 달해. 이렇게 많은 채널들에 올라오는 영상은 1분마다 400시간 분량이나 된다고 해. 지금 이 순간에도 수백 시간 분량의 영상이 유튜브에 올라가고 있는 거야.

Q 숫자가 너무 커서 가늠도 잘 안 되네요. 그럼 유튜브에도 빌보드 차트처럼 인기 콘텐츠 순위 같은 게 있나요? 저는 주로 춤 영상만 보다 보니 다른 채널은 잘 몰라요.

A 물론 그런 조사도 있어. 시장조사 업체 엠브레인이 2018년에 실시한 조사를 보면 '인터넷 방송 하면 가장 많이 떠올리는 콘텐츠'는 먹방, 게임, 헤어·메이크업 방송, 요리 방송 순으로 나타났어. 청소년들만 대상으로 한 조사도 있어. 방송통신심의위원회가 2019년 발표한 조사▶에서 청소년들에게 어떤 인터넷 방송을 주로 보는지 물었더니 게임 방송이라는 응답이 가장 많았어. 5명 중 1명인 22.7퍼센트가 게임 방송을 주로 본다고 답했지. 그다음으로 많이 보는 장르는 먹방으로 19.7퍼센트가 즐겨 본다고 했고. 대화를 나누는 토크 방송을 즐겨 본다는 응답이 11.6퍼센트, 메이크업 등을 알려 주는 뷰티 방송을 즐겨 본다는 응답이 10.9퍼센트로 나타났어. 이어서 음악 방송, 요리를 하는 모습을 보여 주는 쿡방 순이었지.

▶ 2018년에 전국의 만 13~18세 중고등학생 1058명을 대상으로 실시한 조사야. 방송통신심의위원회 홈페이지에서 '어린이·청소년 인터넷 개인 방송 이용 실태 조사'라는 제목으로 검색하면 찾아볼 수 있어.

어때? 유튜브의 콘텐츠는 텔레비전과는 많이 다르다는 게 느껴지지? 한번은 10대에게 인기가 많은 유튜버 도티를 인터뷰한 적이 있는데 그가 이렇게 얘기하더라. "10대가 텔레비전을 보지 않는 이유는 부모님이 리모컨을 잡고 있거나, 자기 방에 텔레비전이 없기 때문이 아니거든요. 유튜브에 나온 크리에이터▶들의 콘텐츠가 10대들에게 가장 재미있어서 그래요." 텔레비전은 주로 어른들이 좋아할 만한 내용을 내보내는 반면, 유튜브에서는 다양한 연령대, 다양한 취향에 맞는 콘텐츠를 골라 볼 수 있다는 장점이 있어. 그러니 점점 더 많은 사람들이 유튜브에 주목하고 있는 거지. 그래서인지 요즘은 유튜브에서 인기를 끈 콘텐츠나 유튜버들이 지상파 텔레비전 방송에 진출하는 일도 흔해졌어. 텔레비전이 있는데 왜 유튜브를 보냐는 할머니에게 대답이 되려나?

유튜버의 인기는 구독자 수로 비교할 수도 있어. 유튜브는 구독자 1000만 명을 넘긴 유튜버에게 다이아 버튼이라는 걸 줘. 다이아 버튼은 재생 버튼을 형상화한 기념패인데 유튜브

▶   지금은 크리에이터라는 표현이 흔하지만 실은 유튜브를 통해서 널리 쓰이게 된 말이야. 단순히 영상을 올리는 사람이 아니라 스스로 콘텐츠를 창작하고 자신의 팬들을 중심으로 만들어진 커뮤니티의 창조자 역할도 한다는 의미에서 크리에이터라고 부르지.

로고가 담겨 있지. 한국에서 이 버튼을 받은 대표적인 유튜버
는 제이플라와 원밀리언 댄스 스튜디오야. 이들이 운영하는
채널의 공통점이 뭔지 아니? 제이플라는 인기 있는 다른 가
수의 노래를 자기 스타일로 해석해서 다시 부르는 유튜버고,

원밀리언 댄스 스튜디오는 춤을 선보이는 팀이야. 둘 다 말이 통하지 않아도 즐길 수 있는 장르인 거지. 그러니까 해외 구독자도 쉽게 구독할 수 있어서 구독자 수를 늘리는 데 유리했을 거야.

이야기가 나온 김에 세계에서 가장 구독자가 많은 유튜버도 알려 줄게. 바로 퓨디파이라는 이름을 쓰는 스웨덴 사람 펠릭스 아르비드(Felix Arvid)야. 게임 방송 유튜버인데 구독자가 무려 9000만 명이 넘어.(2019년 4월 기준) 한국의 대도서관처럼 게임을 하면서 상황극을 하거나 재미나 말장난을 하는데, 그의 말 한마디면 게임 판매량이 요동을 칠 정도로 엄청난 영향력을 갖고 있지. 제이플라도, 퓨디파이도, 유튜브가 없었다면 국경을 넘어서 이렇게 많은 사람들의 사랑을 받기 힘들었을 거야.

| 유튜브와 유튜버는 어떻게 돈을 벌까

이름을 들어 본 사람도 있고, 처음 듣는 사람도 있네요. 그나저나 저렇게 구독자 수가 많으면 돈도 엄청 많이 벌겠지요? 인기 유튜버가 되면 돈을 많이 번다는 얘기는 저도 들어 봤어요. 그런데 한 가지 궁금한 게 있어요. 우리가 동영상을 보는 건 공짜잖아요. 그런데 유튜버는 어떻게 돈을 버는 거예요? 저는 돈을 낸 적이 없는데, 누가 유튜버한테 돈을 주는 건가요?

유튜브는 공짜처럼 보이지. 하지만 진짜 공짜는 아니야. 이게 무슨 소리냐고? 대부분 돈을 내지 않고 유튜브를 보지만 우리는 보이지 않게 대가를 치르고 있다는 거지. 뒤에서 더 자세히 얘기하겠지만, 비밀은 바로 광고에 있어.

유튜브에는 광고가 정말 많아. 동영상을 보기 전에 광고가 뜨잖아. 이걸 프리롤(pre-roll) 광고라고 해. 광고는 대부분 몇 초 지나야만 건너뛸 수 있지. 다시 말해서 몇 초 동안은 강제로 광고를 볼 수밖에 없는 거야. 영상이 재생되는 중에 갑자기 나타나는 중간 광고라는 것도 있어. 동영상 아랫부분과 사이트 오른쪽에는 배너 광고가 있지. 이런 광고를 보다가 마침 갖고 싶었던 물건이나 관심 있던 게임 광고가 뜨면 클릭하기도 하지? 이렇게 영상에 붙어 있는 광고를 보거나 광고 면을 클릭하는 행동 하나하나가 유튜브의 광고 수익으로 이어져.

Q 아, 그러고 보니 평소에 참 신기하다고 생각한 게 있어요. 텔레비전에는 저와 상관없는 광고가 많이 나오는데, 유튜브에서는 딱 제가 궁금해하는 게임 광고가 많이 뜨더라고요. 그래서 클릭도 꽤 많이 해요.

A 맞아. 나도 가끔은 '휴대폰을 바꾸려고 몇 번 다른 사이트에서 검색해 봤을 뿐인데 어떻게 알고 휴대폰 광고가 뜨지?' 하고 깜짝 놀랄 때가 있어. 비밀은 애드센스(AdSense)라는 서비스에 있어.

지금은 유튜브가 구글 서비스라는 걸 많이들 알고 있겠지만, 원래는 구글과 관계없는 독립적인 기업이었어. 그러다가 2006년 구글이 유튜브를 인수하면서 광고로 돈을 벌 수 있게 만들었지. 구글은 자체적으로 애드센스 서비스를 갖고 있었거든. 애드센스는 블로그나 웹사이트를 운영하는 사람이 돈을 벌 수 있게 도와주는 광고 부착 서비스야. 어느 인터넷 쇼핑몰에서 신발을 검색하고 나서 다른 인터넷 페이지에 방문했는데 아까 본 신발 광고가 뜨는 식의 경험, 해 본 적 있지? 그렇다면 그 광고는 애드센스일 가능성이 높아. 애드센스는 우리가 인터넷에서 검색한 내용 등을 조사해서 각자에게 맞는 광고를 배치하고, 사람들이 그 광고를 클릭한 만큼 사이트

운영자나 기업에게 수익을 나눠 주지.

유튜브는 동영상의 성격에 맞춰 광고를 붙여 이용자가 광고를 더 많이, 열심히 보도록 해서 광고의 효율성을 높이기도 해. 이용자가 유튜브에서 검색하고 본 동영상 기록을 바탕으로, 어떤 동영상을 어떤 세대, 어떤 취향을 가진 사람이 많이 보는지 잘 알 수 있거든. 어떤 상품을 홍보하고 싶은 기업이 있다고 치자. 그 기업은 유튜브에 광고비를 지불하면서 자신의 상품을 가장 좋아할 만한 이들의 성격을 선택해. 그러면 유튜브가 그런 성격을 가진 사람들이 볼 만한 영상에 해당 상품의 광고를 붙이는 거야. 10대가 좋아할 만한 게임 광고라면 10대가 많이 보는 게임 영상 앞에 광고를 붙이는 식이지. 어떤 유튜버는 자기 콘텐츠 앞에 붙는 광고에 등장하기도 해. 좋아하는 유튜버의 영상을 보려고 하는데, 광고에 그 유튜버가 나온다면 더 주목해서 보겠지? 당연히 광고 효과도 좋을 테고.

이 외에도 유튜브와 유튜버가 돈을 버는 방법은 많아. 사용자가 라이브 영상을 볼 때 즉석에서 후원을 하는 슈퍼챗(SuperChat)이라는 기능을 통해 돈을 벌기도 해. 유튜브는 수수료를 받고, 유튜버는 수수료를 뗀 나머지 후원 금액을 받지.

광고 말고도 돈을 버는 방법이 또 있어요?

유튜버들은 동영상을 기반으로 사업을 확장해서 돈을 벌기도 해. 예를 들어 화장품 리뷰 영상을 올리듯이 광고를 찍는 거야. 구독자는 리뷰 영상처럼 보겠지만 실은 기업과 함께 찍은 광고인 거지. 도티나 캐리처럼 자신을 캐릭터로 삼아서 인형, 책, 장난감 등 상품을 만들어 파는 경우도 있어.

　유명 유튜버들이 이렇게 다방면에서 적극적으로 활동할 수 있는 이유 중 하나는 MCN 회사와 계약을 맺고 있기 때문이야. MCN은 Multi Channel Network의 머리글자를 딴 말인데 우리말로는 다중채널 네트워크라고 해. 연예인에게 연예기획사가 있듯이 유튜버에겐 MCN 회사가 있는 거라고 보면 돼. 연예인이 혼자 모든 일정을 잡고 방송사 PD나 기업 광고주를 일일이 만나기는 힘드니까 연예기획사가 이 업무를 대신해 주고 수익을 나눠 갖잖아. 이와 비슷하게 MCN도 유튜버의 활동을 도와주고 광고주와 연결해 주기도 하면서 수익을 나누는 거야.

유명한 유튜버는 1년에 몇 억씩 번다는 게 진짜인가

요? 제 친구 중에 유튜버가 꿈
이라는 애들도 많아요. 유튜
버는 돈을 많이 벌기 때문이
래요. 그런데 유튜버라고 해

서 다 그렇게 부자는 아니지 않아요? 연예인이 된다고 해서 다
유명해지고 부자가 되는 건 아니듯이 말이에요. 아니면 유튜버
가 되면 어느 정도는 기본으로 벌 수 있는 건가요?

요즘 장래희망을 조사하면 많이들 유튜버가 되고
싶다고 대답한다던데 역시 유튜버라는 직업에 관
심이 많구나. 언론 기사를 보면 어느 유튜버가 몇 억을 벌어
들였다는 내용이 정말 많긴 하더라. 그런 기사들을 많이 접하
니 유튜버가 되면 쉽게 돈을 벌 수 있을 것 같다는 생각이 들
기도 하겠어.

확실히 유튜버가 대세지. 요새는 유명 유튜버들이 방송 프
로그램이나 광고에 출연하면서 연예인 같은 인기를 누리고
있기도 하고. 특히 유튜브의 본고장 미국에서는 유튜버의
인기가 상상을 초월할 정도야. 미국 주간지인 《버라이어티
(Variety)》가 고등학생들에게 좋아하는 연예인을 묻는 설문조
사를 했는데 1위부터 6위까지 유튜버가 차지했다고 해. 세계

적으로 유명한 배우인 레오나르도 디카프리오가 유튜버들에게 밀렸을 정도지.

이렇게 유명한 유튜버들은 돈을 얼마나 버는지 궁금하다는 거지? 확실히 많이 버는 사람들은 정말 엄청나게 벌고 있어. 《포브스(Forbes)》라는 미국 경제 잡지는 매년 유튜브 수입 상위 10위를 발표하는데, 2017년 상위 유튜버 10명의 수입 총액은 무려 1억 2700만 달러였어. 우리 돈으로 바꾸면 1386억 원 정도지.

소득 상위 유튜버 중 '라이언 토이스리뷰(Ryan ToysReview)'라는 장난감 소개 채널을 갖고 있는 라이언이라는 7세 소년이 있는데, 2017년 6월부터 이듬해 6월까지 1년 동안 2200만 달러나 벌었다고 해. (우리 돈으로 245억 정도야.) 한국 유튜버도 만만치 않아. 대도서관, 밴쯔, 김이브 등 수백만 구독자를 가진 유튜버들이 1년에 적게는 몇 억, 많게는 10억 넘게 버는 것으로 추산하고 있지.

하지만 이렇게 돈을 많이 버는 유튜버들은 아주 소수야. 일단 이렇게 조회 수가 많은 채널이 별로 없지. 유튜브 상위 3퍼센트 채널의 조회 수가 전체 조회 수의 90퍼센트를 차지한다니 알 만하지? 한국에서 구독자를 10만 명 이상 보유한 채널은 1000여 개 정도고 100만 명 이상 구독자를 보유한 채널은

100개도 안 돼. 유튜버 중에서도 인기 있는 이들만이 돈을 많이 벌 뿐, 그렇지 않은 대다수는 별로 돈을 벌지 못하는 빈익빈 부익부 현상이 나타나고 있지. 유튜버가 된다고 해서 꼭 돈을 많이 버는 건 아니야.

저는 그렇게 돈을 많이 벌겠다는 욕심은 없어요. 용돈 정도 벌 수 있으면 만족하거든요. 좋아하는 일을 하면서 동영상을 찍어 돈을 번다면 얼마나 좋겠어요? 동영상 조회 수 1건당 1원씩 준다고들 하던데 1만 명이 보면 1만 원이잖아요. 전 하루에 1만 원만 벌어도 행복할 것 같은데요. 그 정도는 벌 수 있지 않을까요?

유튜브 영상 조회 수 1건당 1원을 번다는 얘기가 있기는 하지만 그건 수익 구조를 설명하기 복잡하니 단순화해서 말한 거야. 실제로는 매우 복잡해서 꼭 그렇다고 말할 수 없어. 그래도 최대한 간단하게 설명해 볼 테니 잘 들어 봐. 유튜브에 동영상을 올린다고 무조건 돈을 받는 건 아니야. 최근 12개월간 채널 구독자가 1000명이 넘어야 하고, 총 시청 시간이 4000시간을 넘어야 광고를 넣을 수 있어. 이 조건을 충족하고 나서야 광고 수익이라는 게 생기는데, 이

를 유튜브와 유튜버가 나눠 갖는 구조지. 취미로 하는 정도로
는 쉽지 않겠지?

설령 광고 수익이 생긴다고 해도 그때부터 '얼마를 번다' 하
고 정확히 얘기하기도 어려워. 일단 국가별로 광고 수익을 유
튜브와 유튜버가 나누는 비율이 달라. 동영상 길이가 짧으면
중간 광고를 넣을 수 없고. 영상의 길이나 성격에 따라 어떤
광고가 붙을지도 달라질 테니, 광고 수익 규모도 다르겠지.
이 외에도 채널이 얼마나 활성화되어 있는지, 이용자들이 영

상을 얼마나 오래 시청하는지, 추천 수는 얼마나 되는지도 중요한 변수야.

게다가 수익이 생기더라도 인터넷 방송을 하려면 돈이 들게 아니니. 본격적으로 동영상을 올리기 위해서 편집자를 따로 고용하는 경우도 있고, 장비나 작업실을 마련하는 데 드는 비용도 만만치 않아. 그래서 버는 돈보다 쓰는 돈이 큰 경우도 많다고 해. 유튜버가 돼서 돈을 번다는 게 그렇게 만만치 않아 보이지?

| 유튜브는 어떻게 성공했을까

조건이 정말 까다롭군요. 무엇보다 1년이나 꼬박꼬박 유튜브에 영상을 올릴 자신이 없네요, 흑…. 혹시 유튜브보다 광고가 붙는 조건이 덜 까다로운 사이트는 없으려나? 아! 그러고 보니 궁금해지네요. 유튜브 말고도 동영상을 볼 수 있는, 유튜브와 비슷한 사이트도 많잖아요. 그런데 왜 다들 유튜브만 보는 걸까요?

지금이야 개인이 일상을 인터넷에 동영상으로 올

리는 게 쉽지. 하지만 예전에는 아니었어. 방송을 만드는 건 대형 방송사나 할 수 있었지. 그런데 2005년에 돌연 유튜브라는 서비스가 등장해서 누구나 영상을 만들어 올릴 수 있게 하면서 주목을 받았어. 당시 유튜브는 그 어떤 영상 서비스보다 기술이 뛰어났어. 지금은 인터넷에서 재생 버튼을 누르면 곧바로 영상을 볼 수 있는 스트리밍(streaming) 기술▶이 익숙하게 느껴질 거야. 하지만 예전엔 영상을 다운로드받지 않고 즉석에서 안정적으로 재생하는 기술을 구현하기가 매우 어려웠어. 드라마 한 편을 보려면 몇 시간씩 기다리며 다운로드한 다음에 재생을 시작해야 했지. 그러던 중에 영상을 다운받지 않고도 바로바로 볼 수 있는 서비스가 등장한 거야. 그게 유튜브지.

이 기술이 얼마나 반향이 컸냐면 넷플릭스라고 알지? 넷플릭스(Netflix)는 세계적인 동영상 스트리밍 서비스잖아. 원래 넷플릭스는 스트리밍 기술을 적용하지 않고 동영상을 다운로드해서 보는 사이트를 만들려고 했었다고 해. 그러다 유튜브의 등장을 보고 놀라서 인터넷에서 바로 재생이 가능한 방

▶ streaming은 '흐름'이라는 뜻이야. 데이터가 마치 '흐르듯이' 처리된다고 해서 붙은 이름이지. 파일이 전부 도착하기 전부터 데이터 속의 그림, 음악, 영상 등이 표현되는 기술로, 덕분에 용량이 큰 데이터라도 쉽게 받아서 즐길 수 있게 되었어. 스트리밍 기술을 단순히 말하면 '실시간 재생'이라고도 할 수 있겠어.

식을 연구해 지금의 넷플릭스가 됐어. 한국의 동영상 사이트들도 넷플릭스처럼 유튜브의 영향을 많이 받았지. 이렇듯 유튜브는 이용자가 편리하게 동영상을 볼 수 있게 하는 기술의 선구자였어.

유튜브의 성공 비결은 또 있어. 아까 광고 얘기를 했잖아. 구글은 유튜브를 인수한 다음 유튜브에도 애드센스를 적용하고 수익을 동영상을 만든 사람들에게 나눠 줬어. 인터넷에 동영상을 올리는 사람들이 돈을 벌게 해 준 거지. 그랬더니 사람들이 유튜브에 몰려서 흥미로운 영상을 자발적으로 올리게 된 거야. 유튜브의 산업적 가치가 주목을 받은 거지. 모든 사람들에게 똑같은 프로그램을 보여 주는 텔레비전과 달리 취향·세대별로 다르고도 새로운 콘텐츠를 만들어 콘텐츠 혁신을 이뤄 냈고 크리에이터라는 새로운 직업까지 탄생시켰어.

와, 유튜브는 처음부터 혼자 폭주했겠네요! 돈을 어마어마하게 많이 벌었겠어요.

의외로 그렇지는 않았다고 해. 처음에는 사람들이 지금처럼 재미있고 멋진 영상을 많이 올리지 않았거든. 물론 시간이 흐르면서 인기가 높아지긴 했지만 동영상 서비스는 사업자가 투자해야 하는 비용이 만만치 않다는 문제도 있었어. 우리가 스마트폰으로 인터넷을 이용하면 데이터를 쓰잖아. 글을 읽을 때보다 동영상을 볼 때 데이터를 훨씬 많이 쓰게 되고, 데이터를 많이 쓰면 돈을 그만큼 더 내야 하지. 유튜브도 마찬가지였어. 누구나 참여할 수 있는 동영상 스트리밍 사이트를 운영하며 갈수록 화질도 개선했는데, 그러자니 막대한 서버 용량을 감당해야 해서 초기 비용이 많이 들었어. 그래서 2010년 이전까지는 적자였다고 하더라.

아하. 유튜브도 초기에는 유튜버가 되려는 우리처럼 고전을 했군요. 이야기를 듣다 보니 새로운 서비스를 시도한 유튜브도 대단하지만 유튜브를 이렇게 세계적인 사이트로 만든 건 유튜버라는 생각이 들어요. 유튜브는 좋은 무대를 마련한 거고, 우리들을 무대 앞으로 가게 만든 건 유튜버들인 거잖아요.

유튜브에서 노는 사람들에 대해 더 알고 싶어졌어요. 저도 유튜브로 놀기는 하지만, 지금 이야기해 주시는 유튜브는 왠지 제가 아는 유튜브와는 다른 느낌이 들어요.

그렇지. 결국 유튜브라는 회사 혼자 잘해서 이렇게 성공한 게 아니라 그 안에서 열심히 콘텐츠를 만든 사람들이 중요하다고 생각해. 그래서 2장에서는 어떤 유튜버들이 어떤 콘텐츠를 만들면서 인기를 끌고 있고, 유튜브의 등장으로 우리 사회가 어떻게 변화하게 됐는지 이야기해 보려고 해.

추천 동영상

 평범한 사람들이
스타가 되고 있는걸?

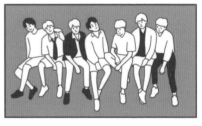

국경을 무너뜨리다

 민주주의에 기여하다

 새로운 교육의
장이 되다

유튜브가
허문 세상,
지어 올린
세상

chapter 2

Q 저는 춤추는 걸 정말 좋아해요. 앞으로 댄서가 되는 게 꿈이에요. 가끔은 커버댄스를 유튜브에 올리기도 해요. 그런데 부모님이 이 사실을 아시고는 너무 심하게 반대를 해요. 유튜브에 그런 동영상을 올렸다가 무슨 일이 날 줄 어떻게 아냐고 하시는데, 제가 듣기에는 정말 답답한 소리거든요. 그보다 더 화나는 건 제가 춤을 잘 못 춘다고, 춤이라고는 하나도 모르면서 제 춤을 비하하는 거예요. 저만큼 추는 사람은 널리고 널렸다며, 저 같은 사람은 성공 못 할 거래요. 아니, 누가 성공한댔나요? 그냥 좋아하는 걸 하겠다는데…. 우리 부모님 말씀처럼 평범한 사람은 유튜브를 하면 안 되나요? 어떻게 생각하세요?

평범한 사람들이 스타가 되고 있는걸?

A 앞에서 잠깐 등장했던 박막례 할머니 얘기를 해 보자. 박막례 할머니는 원래 식당을 꾸려 일하시던 분이야. 다시 말해 우리 주변의 평범한 이웃 같은 분이었다는 거지. 그런데 지금은 유튜버로 크게 성공해서 미국 패션지

《보그》와 인터뷰를 하고 구글 본사에 초청을 받을 정도로 유명해졌지.

박막례 할머니는 손녀의 도움으로 유튜브를 시작했어. 자매들이 모두 치매에 걸려서 할머니 자신도 걱정을 하는 모습을 보고, 손녀인 김유라 씨가 할머니와 추억을 만들기 위해 여행을 함께 가서 영상을 찍어 올린 게 계기였어. 아마 이 정도로 성공할 줄은 몰랐을 테지만, 어쨌든 손녀와 할머니의 다정다감한 모습과 할머니의 일상에 공감하는 사람들이 많아졌어. 박막례 할머니는 자신은 평생 복이 없는 줄만 알았는데 새 인생을 살게 됐다면서, 인생이 "부침개처럼" 한 번에 뒤집어졌다고 하시더라.

질문을 준 친구처럼 부모님한테 잔소리를 들었을 만한 취미 생활로 콘텐츠를 만들어 성공한 유튜버도 있어. 대도서관은 인터넷 방송을 제작하기 전까지 게임을 좋아하는 평범한 청년이었다고 해. 중학교 때 한 달 용돈을 모아서 게임을 사고, 한글화가 되지 않은 게임은 직접 일본어를 공부하면서까지 즐길 정도로 열성이었다는 점 정도가 달랐을까. 대학도 나오지 않았지만 게임을 하면서 이야기를 재미있게 하는 재능만큼은 뛰어났어. 인터넷 방송을 시작하면서 그 재능은 더욱 부각되었지.

유튜브에서 취미 활동을 하는 사람들도 많아. 건담 프라모델 조립을 좋아하는 제룡이라는 유튜버는 건담 프라모델을 만들어서 보여 주는 동영상을 올리고 있어. 개그맨 이상훈 씨는 피규어를 정말 좋아하는데 유튜브에 자신이 구입한 피규어를 리뷰하는 동영상을 올리고 있고. 이렇듯 유튜브는 요리, 운동, 음악 등 다양한 취미가 직업이 될 수 있게 했어. 만일 유튜브를 비롯한 인터넷 방송이 없었다면 이들은 지금과는 상당히 다른 삶을 살았을 거야.

옛날이었다면 쓸모없다고 여겼을 취미 활동이나 평범한 일상이 이제는 강력한 콘텐츠가 되었어. 연예인이 아니어도 유명해질 수 있는 시대가 된 거야. "누구나 한 가지씩 재능은 갖고 있다. 내가 남들보다 조금이라도 더 알거나 더 잘하는 분야가 있다면 누구든지 잘나가는 1인 크리에이터가 될 수 있다." 대도서관이 어느 인터뷰에서 한 말이야. 우리의 일상과 취미 생활도 남들과 다른 나만의 콘텐츠를 만들 수 있는 값진 재료가 될 수 있어.

평범한 사람이 유튜브를 해도 되냐고 물었지? 나의 대답은 이거야. "당연히 될 수 있지!"

 인터넷 방송이 등장하기 전과 지금이 그렇게 많이

다른가요? 저는 자기가 좋아하는 걸로 콘텐츠를 만들 수 있다는 얘기가 당연하게 느껴지거든요. 옛날에는 블로그도 많이 했고, SNS를 통해 자기표현을 했잖아요. 그런데 꼭 인터넷 방송이 이런 변화를 이끌어 냈다고 하는 게 지나치게 느껴져요.

 물론 예전에도 자기를 표현할 수 있는 매체는 있었지. 하지만 인터넷 방송이 이전에 없던 새로운 콘텐츠를 많이 만들어 낸 것도 사실이야. 대표적인 장르로 먹방이 있지. 지금은 텔레비전 어느 채널에서든 먹방을 쉽게 찾아볼 수 있잖아. 하지만 원래 텔레비전에서는 이렇게 먹방을 많이 보여 주지 않았어. 인터넷 방송을 통해서 먹방이 주목을 받으니까 텔레비전이 영향을 받은 거지. 재미있는 사실 하나 알려 줄까? 먹방은 한국 고유의 인터넷 방송 장르여서 해외에서도 먹방을 영어 그대로 'mukbang'이라고 부른다고 해.

게임 방송 역시 예전부터 있었지. 하지만 인터넷 방송 덕에 성격이 크게 달라졌어. 과거의 게임 방송은 주로 게임을 중계하는 데 그쳤지만, 인터넷 방송에서는 게임 플레이를 보여 주면서 진행자가 토크쇼처럼 이야기를 하는 형식이 인기를 끌고 있어. 어린 동생이나 조카가 있으면 장난감 포장을 뜯어서 갖고 노는 유튜브 영상을 본 적이 있을 거야. 이런 장르를 박스를 푼다는 의미의 언박싱(unboxing), 또는 장난감 리뷰라고 부르는데 이 역시 인터넷 방송 고유의 장르야. 리액션(reaction) 비디오도 인터넷 방송을 통해 부상했어. '한국 랩들은 미국인들 반응', '한국 음식 먹어 본 영국인들의 반응', '실제 의사가 본 의학 드라마'처럼 특정한 콘텐츠를 보는 사람들의 반응을 다루는 장르야. 매체가 달라지자 콘텐츠의 성격도 달라졌다는 게 눈에 보이지?

제가 보는 것 외에는 잘 몰랐는데 정말 다양한 콘텐츠가 있네요. 이렇게 채널이 많으니 저나 제 친구들의 영상까지 보러 오는 사람은 없는 건가 봐요. (ㅠㅠ) 저도 그렇지만 유튜브를 하는 친구들을 보면, 친구들끼리 구독 버튼을 눌러 주긴 해도 팬이 거의 없어요. 어떻게 해야 다른 유튜버들처럼 구독자가 많이 생길까요?

유튜버들을 직접 만나서 인터뷰를 했더니, 크게 성공한 유튜버들에게는 공통점이 있었어.

첫째, 가장 중요한 건 꾸준함과 성실함이야. 영상을 한두 개 올린다고 해서 금방 수십만 구독자를 확보할 수는 없어. 처

유튜브 쫌 아는 10대

음에는 수십 명, 수백 명만 보더라도 좌절하지 말고 꾸준하게 영상을 올려야 해. 좋은 콘텐츠들이 쌓여 있으면 사람들이 볼 게 많은 채널이라고 인식해서 저절로 찾아오겠지. 성공한 유튜버들의 말로는 최소한 일주일에 영상 하나는 올려야 된다고 해. 그러자면 거의 매일 어떤 영상을 올릴지 고민하고 기획하고 촬영하고 편집해야겠지. 그만큼 시간과 노력이 많이 드는 거야. 해외 인기 유튜버 매슈 패트릭(Matthew Patrick)▶ 은 유튜버 생활을 "러닝머신 위를 달리는 것 같다"라고 하면서 2주 정도만 쉬어도 팬 대부분이 다른 채널로 떠날 거라고 했어.

두 번째 공통점은 독자와 적극적으로 소통한다는 점이야. 질문한 친구도 내 영상을 보는 사람이 누구인지, 그들이 무엇을 좋아하고 내 영상을 어떻게 생각하는지 고민하면서 콘텐츠를 만들면 더 주목을 받을 수 있을 거야. 유튜브는 독자를 분석하는 기능을 제공하고 있으니 어느 국가, 어느 연령대의 사람들이 내 영상을 보는지, 영상을 보다가 중간에 끄는 사람은 얼마나 되고 끝까지 보는 사람은 어느 정도인지 파악하는

▶ 닉네임은 맷팻(MatPat). 비디오 게임 속에 숨어 있는 비밀을 파헤치는 '게임 이론가들(The Game Theorists)'이라는 채널을 운영하고 있어. 반응이 너무 좋으니까 이에 이어서 '영화 이론가들(The Film Theorists)'이라는 채널을 열었는데, 이 역시 많은 사랑을 받고 있어.

노력이 필요해.

대도서관은 게임 유튜버지만 방송 초반부에는 독자들의 댓글을 읽어 주고 고민 상담을 해 주면서 자신에 대한 소소한 이야기를 곁들이며 독자들과 친해지고 있어. 도티는 자신의 독자들인 초등학생을 이해하기 위해 초등학생들이 자주 접속하는 커뮤니티에 들어가서 그들이 어떤 언어를 쓰고 어디에 관심이 있는지 지속적으로 살펴봤다고 해.

세 번째는 정말 좋아하는 걸 하는 거야. 전문적인 유튜버가 된다는 건 여느 직업과 다르지 않아. 그건 곧 늘 즐겁지만은 않을 거라는 뜻이야. 하지만 성공한 유튜버들은 자신이 잘 알고 좋아하는 분야를 다루기 때문에 힘을 내서 꾸준히 할 수 있다고 하더라고. 게임을 좋아하지도 않으면서 사람들이 좋아한다는 이유로 게임 방송을 시작한다? 그러면 방송을 보는 사람들이 진정성을 느끼기 힘들겠지. '라임튜브(Lime Tube)'라는 채널의 주인공 어린이 길라임은 자신이 진짜로 좋아하는 장난감을 갖고 놀기 때문에 사람들이 더 몰입할 수 있었을 거야. 제룡이라는 유튜버는 건담 프라모델 콘텐츠를 만드는데, 원래 건담을 좋아해서 건담 프라모델 가게에서 일을 했을 정도였어. 이처럼 평소에 진심으로 좋아하는 분야를 다루어야 본인은 물론이고 다른 시청자도 즐겁게 이용할 수 있을 거야.

| 국경을 무너뜨리다

조회 수가 높은 동영상을 보면 깜짝 놀랄 때가 있어
요. 온 세계 사람들이 댓글을 다는 것 같거든요. 영어
는 물론이고 일본어에 중국어에, 어느 나라 말인지도 모를 글씨
로, 굉장히 많은 나라 사람들이 댓글을 달더라고요. 외국에서도
한국 유튜버들이 나오는 콘텐츠를 많이 보나 봐요? 도대체 어
떻게 한국 유튜버의 영상을 찾아보는 거죠?

예전에는 콘텐츠를 즐길 때 국가라는 장벽이 정말
높았어. 정부에서 마음만 먹으면 특정 국가의 콘텐
츠 수입을 금지할 수도 있었으니까. 우리나라에서도 일본의
콘텐츠 영향력이 커지자 한때 일본 애니메이션, 영화 등의 수
입을 금지한 적이 있어. 한국에서 외국으로 콘텐츠를 수출하
려 할 때는 일일이 그 나라의 사업자들을 만나서 계약을 맺어
야 한다는 어려움도 있지.

그런데 전 세계인들이 모인 유튜브가 나오면서 영상 하나

만 올리면 자동으로 수출을 할 수 있게 된 거나 마찬가지가 되어 버렸어. 국경이라는 거대한 장벽이 무너진 거야. 한국에서 동영상을 올려도 지구 반대편에 있는 사람이 쉽게 찾아와 댓글을 남길 수 있고, 한국 사람들도 역시 해외의 콘텐츠를 검색만 하면 바로 찾아볼 수 있게 됐어.

코넌 오브라이언(Conan O'Brien)이라는 미국의 유명한 토크쇼 진행자가 있어. 그는 한국 고등학생으로부터 한국에 방문해 달라는 편지를 받고 진짜 한국을 찾았지. 공항에 도착해서는 자신을 보러 온 1000여 명의 인파를 보고 깜짝 놀라는 표정이 그대로 영상에 담겨 화제가 됐어. 그도 그럴 것이 그의 쇼는 한국에서 단 한 번도 방영된 적이 없고 코넌이 한국에 온 것도 처음이었거든. 어떻게 된 거냐고? 유튜브를 통해 토크쇼 영상이 퍼지면서 자신도 모르는 사이에 지구 반대편에 팬들이 생긴 거야.

어때? 유튜브가 국경의 의미를 무색하게 만들었다는 게 이제 느껴지니?

그래도 그런 사람들은 연예인이잖아요. 연예인이 아닌 일반인은 사정이 좀 다르지 않아요? 일반인 유튜버도 세계에 자신을 알릴 수 있을까요?

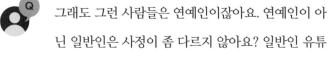

물론이지. 정성하라는 기타리스트 유튜버가 있어. 유튜브 구독자는 무려 500만 명이 넘어.(2019년 6월 기준) 정성하 씨가 초등학교 3학년이었던 2006년, 아버지가 찍어 올린 기타 연주 영상이 계기가 됐지. 어린이가 유명한 곡들을 자신만의 스타일로 해석해 연주하니 전 세계인이 감탄했던 거야. 2008년에는 비틀스의 곡을 연주한 영상을 올렸는데 비틀스의 멤버였던 존 레넌(John Lennon)의 부인이 "존 레넌이 보았다면 정말 좋아했을 겁니다"라고 댓글을 남길 정도였어. 지금 정성하 씨는 세계적으로 유명한 뮤지션들과 함께 작업하면서 월드 앨범도 여러 번 내고 세계 각국에서 공연을 하고 있지.

기존의 노래를 자신의 스타일로 해석해 부르는 유튜버로 유명한 제이플라도 그런 예지. 제이플라의 영상 조회 수의 90퍼센트 이상이 해외 팬들에게서 받는 거라고 해. 아니나 다를까, 댓글창에는 일본어, 영어는 물론 아랍어로 쓴 글들도 보여. '원 밀리언 댄스 스튜디오' 채널은 케이팝 댄스를 선보이는데, 전 세계 수많은 사람들이 이 채널을 보며 케이팝 댄스를 배우고 있지.

거꾸로 연예인이 아닌 외국인이 한국에서 인기를 끌 수도 있어. '영국남자(Korean Englishman)'라는 채널은 조시(Josh)

라는 영국인이 친구 올리(Olie)와 함께 기획하고 진행하는데 콘텐츠를 올릴 때마다 포털 사이트에 기사화될 정도로 인기를 끌고 있어. 조시는 한국 유학을 마치고 영국에 돌아가서도 한국인과 소통하고 싶어서 유튜브를 시작했다고 해. 영국인이지만 한국어가 능숙한 데다 자막을 통해 언어 장벽을 낮춰서 영어 사용자와 한국인 모두가 영상을 볼 수 있게 했지. 지금은 한국 음식을 영국인들이 경험하게 하고 반응을 듣는 영상, 친구들과 한국 먹방 여행을 하는 영상을 주로 만들어.

어때? 유튜브가 꼭 연예인에게만 유리한 세상은 아니라는 게 보이지?

정말 그러네요. 저나 제 친구도 커버댄스를 주로 올리니까 승산이 있겠어요! 친구에게도 외국인을 공략하는 편이 낫다고 알려 줘야겠는데요? '외국인이 많이 보는 영상을 만드는 방법' 혹시 있나요? 알려 주세요!

2018년 유튜브에서 해외에서 가장 많이 본 국내 영상을 집계한 결과가 있어. 이걸 알려 주면 도움이 될까? 5위부터 순서대로 알려 줄게. 5위는 외출 준비할 때 짜증 나는 순간들을 콩트처럼 담은 영상이었어. 화장하려는데

뾰루지가 나 있고, 렌즈를 끼우다가 떨어뜨려 잃어버리고, 스타킹에 올이 나가는 모습 등을 보여 주는 내용이었지. 4위는 페트병을 이용해 쥐덫을 만들고 실제로 쥐를 잡는 실험을 하는 영상, 3위는 생선 모양과 스테이크 모양 틀로 젤리를 만드는 모습을 보여 주는 영상이야. 2위는 아이가 종이컵 쌓기를 빠르게 하는 영상이었고, 1위는 성냥불 도미노 영상이었어. 성냥 아랫부분에 접착제를 붙여서 성냥을 많이 모아 놓은 다음 불을 붙여서 순서대로 타 들어가는 걸 보여 주었지. 이 영상은 조회 수가 무려 1억 건을 넘겼어.

이 정도면 해외에서 인기를 끈 국내 콘텐츠의 특징을 알겠니? 그래, 대부분 말이 나오지 않아. 어느 나라의 누가 봐도 이해할 수 있고 즐길 수 있는 내용으로 채워진다는 점에서 말이 안 통하는 해외 구독자도 쉽게 접근할 수 있지. 아까 설명했던 음악 장르 유튜버들이 세계적으로 인기를 끄는 것도 비슷한 이유라고 할 수 있어. 꼭 말이 필요한 콘텐츠라면 외국어 자막을 붙이는 경우도 많아. 하지만 직접 외국어로 자막을 쓰기는 힘들겠지? 그래서 유튜브는 자동으로 통역을 해서 자막을 띄우는 기술을 연구하고 있는데, 이 기술이 완벽해진다면 한국 콘텐츠들이 외국에서 더 많은 인기를 끌 수 있을 거야.

| 민주주의에 기여하다

Q 재미 삼아 보는 유튜브도 있지만, 무거운 콘텐츠도
   있는 것 같아요. 정치적으로 위협을 받는 고발자가
24시간 생방송을 한다든지, 정부 정책에 반대하는 시위를 담은
방송이나 시사 토론도 있고요. 저나 친구들은 이런 방송은 잘
보지 않아요. 이런 내용은 유튜브에 그다지 어울리지 않는 것
같기도 하고요. 유튜브에는 즐거운 내용이 어울리지 않나요?
왜 정치나 사회 문제를 유튜브에서 다루는 걸까요?

A 혹시 영화 〈1987〉 봤어? 이 영화에는 1980년대 미
   디어가 통제당하던 시절이 나와. 당시 정부는 '어
떤 내용은 보도하고 어떤 내용은 보도하면 안 된다' 하는 지
침을 만들어서 매일매일 각 언론사에 보냈어. 이렇게 미디어
가 통제당하니 민주화 운동을 하는 사람들의 목소리는 전달
하지 않거나 왜곡하는 경우가 많았지. 민주화 이후에는 이런
일이 줄긴 했지만, 그렇다고 해서 미디어가 많은 사람들의 목
소리를 전부 담는 건 아니야. 정치 뉴스에서는 힘 있는 정치
인의 목소리를 더 많이 실어 주고, 경제 뉴스에서는 영향력이
큰 기업의 목소리를 주로 실어 주지. 평범한 사람들의 목소리

가 방송에 나오는 건 쉽지 않아.

　또한 언론은 게이트 키핑(Gate Keeping)이라는 절차를 거치게 돼 있어. 기사를 만들거나 콘텐츠를 내보낼 때 여러 방면으로 검사를 받는 걸 가리키지. 이에 따라 취재 기자는 기사를 쓸 때 윗사람(취재와 편집을 지휘하는 이런 사람을 데스크(desk)라고 해)의 허락을 받아야 해. 기사를 완성했어도 기사의 가치를 판단하고 결정하는 데스크가 기사를 내보내지 못하게 하거나 수정하는 경우가 많아. 다른 중요한 뉴스가 많으면 방송에 나오지 못하기도 하고, 취재하고 기사를 작성하는 과정에서 정치권이나 기업이 압력을 행사해서 뉴스로 내보내지 못하게 하기도 하지.

　갑자기 웬 언론 얘기냐고? 민주주의는 평범하고 힘없는 사람도 자신의 목소리를 내면서 주인이 되는 제도라고 할 수 있어. 이를 도와줄 수 있는 게 언론이지. 하지만 언론사는 힘 있는 사람의 목소리를 더 많이 내보낼 수밖에 없는 구조인 데다가, 여러 방면에서 간섭을 받기 때문에 평범한 사람이나 소수자, 약자의 목소리는 중요하게 다루지 않는 편이야. 이와 관련해 타일러 오클리(Tyler Oakley)라는 성소수자 유튜버는 "(기존)미디어는 자신의 권리를 박탈당한 사람들이 목소리를 낼 수 있는 곳은 아니었다"라고 얘기했어.

그런데 인터넷이 활성화되면서 검열과 감시를 받지 않으면서도 누구나 자유롭게 목소리를 낼 수 있게 되었고, 그 목소리가 강력한 파급력을 갖게 됐어. 인터넷 언론이 만들어졌고, 커뮤니티 사이트를 통해 누구나 자신의 이야기를 할 수 있게 된 거야. 이 가운데 등장한 유튜브는 파급력이 큰 영상으로 소통할 수 있는 매체인 데다 국경의 장벽도 없었어. 그래서 어떤 인터넷 사이트보다 막대한 영향을 끼쳤어. 유튜브가 민주주의에 기여하고 있는 거지.

2018년 양예원 씨가 유튜브를 통해서 미투(Me Too)▶ 폭로를 했어. 자신이 성폭력 피해자라는 사실을 공개한 거지. 그는 유튜브를 통해 수백만 명에게 하고 싶은 말을 하면서 자신의 목소리를 전할 수 있었어. 과거였다면 어땠을까? 폭로를 해야만 하는 일이 있어도 언론이 만나 주지 않는다면 목소리를 낼 수 없었을 거야. 언론에 사실을 알렸어도 언론이 기사를 내보내지 않을 수도 있고.

 왠지 뭉클해지는 얘기네요. 유튜브가 사회적으로 이렇게 의미 있는 역할을 하고 있는 줄은 몰랐어요. 힘

▶ 미국에서 해시태그(#MeToo) 운동으로 시작된 움직임으로, SNS에 성폭행이나 성희롱 피해 사실을 알림으로써 심각성을 공유하는 행동이야.

이 약한 사람들이 자기 얘기를 하는 채널이 있으면 한번 관심을 가져 봐야겠어요. 아, 기자님이 추천해 주셔도 되겠네요! 유튜브 안에서 사회적인 목소리를 내는 분들은 어떤 분들이 있나요? 구독해 볼래요.

그런 말을 들으니 어깨가 무거워지네. 떠오르는 몇몇 유튜버를 소개해 볼게.

LGBTQ라는 단어가 있어. 레즈비언(Lesbian), 게이(Gay), 양성애자(Bisexual), 트랜스젠더(Transgender), 자신의 성 정체성에 의문을 가지는 사람(Questioner)을 뜻하는 단어의 알파벳 머리글자를 모아 만든 표현인데, 한마디로 성소수자라고 불러. 유튜브에서 성소수자들의 커밍아웃(coming out)▶ 영상을 찾아보는 일은 어렵지 않아. 외국은 물론 국내에서도 성소수자임을 떳떳이 밝히고 방송하는 분들이 있지.

앞에서도 언급한 타일러 오클리라는 유튜버는 자신의 일상을 공유하고 팬들과 대화하는 콘텐츠를 올려. 커밍아웃은 하지 않았지만 자신을 숨기지 않고 드러내기 때문에 그가 성소

▶ 성소수자가 자신의 성적인 정체성을 공개적으로 드러내는 일을 가리켜. '벽장 속에서 나오다(Coming out of the closet)'라는 표현에서 유래한 말이야. 자신의 성 정체성을 감추고 사는 것을 '벽장 속에 산다'라고 비유했던 거지.

수자라는 걸 쉽게 알 수 있어. 타일러 오클리는 어느 팬이 성정체성 때문에 자살하고 싶을 때마다 자신의 영상을 본다는 얘기를 듣고 사회적 책임을 느끼기 시작했다고 해. 그 이후 주기적으로 동성애자를 향한 인식 개선을 촉구하는 영상을 올리고 동성애자 지원 단체를 응원하기도 해.

중동 지역에서 가장 유명한 하일라 가잘(Hayla Ghazal)이라는 유튜버는 여성인권 신장을 주제로 콘텐츠를 만들어. 그는 방송 사회자가 되고 싶었지만 여성이라는 이유로 꿈을 이루기 힘들었다고 해. 하지만 유튜버가 되어 꿈을 이뤘고 2016년에는 유엔 양성평등 홍보대사에 임명되었지.

한국 유튜버로는 '굴러라 구르님'이라는 채널을 추천하고 싶어. 이 채널을 운영하는 구르님은 고등학생이고 뇌성마비 장애인이야. 뇌성마비는 뇌에 이상이 생겨서 특정한 자세나 운동을 하기 힘든 질환이야. 구르님은 하반신 근육을 제대로 쓸 수 없어서 이동할 때 휠체어를 타고 다니지. '장애인도 비장애인들과 같은 사회의 일원으로 함께 존재한다'는 사실을 알리기 위해 유튜브를 시작했다고 해. 구르님은 텔레비전에서 장애인이 활동하는 걸 본 적이 없다면서, 장애인은 우리 곁에 있지만 드러나지도 않고, 불쌍한 사람으로만 여겨진다는 점을 문제로 지적해. '장애 극복'이라는 말, 많이 들어 봤지?

구르님은 이 말에 대해 이렇게 지적했어. "극복이란 고난과 역경 같은 표현과 함께 쓰는 단어인데 장애는 고난과 역경도 아니고, 극복한다고 해서 비장애인이 되는 것도 아니"라고. 이 표현의 문제점을 지적하는 영상을 보고 나니 많은 생각을 하게 되더라.

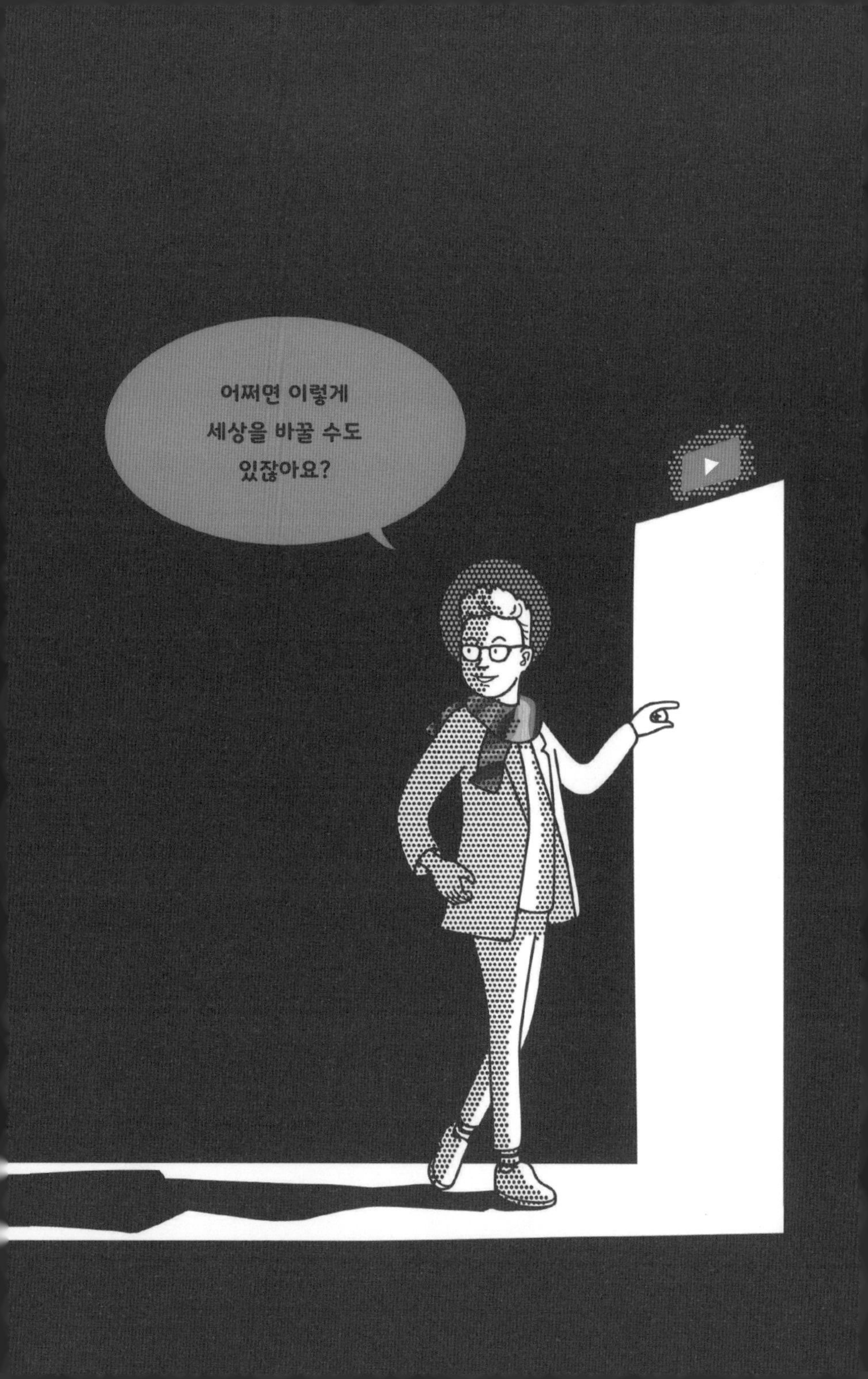
어쩌면 이렇게
세상을 바꿀 수도
있잖아요?

인터넷 방송은 소외된 사람들이 일상에서 겪는 문제들을 고발하는 역할도 하고 있어. 요즘 패스트푸드점에 가면 사람이 아닌 키오스크라는 기계를 통해 주문을 하게 되어 있는 경우가 많지? 그런데 이 기계가 할아버지 할머니들이 사용하기에는 글씨가 작고 너무 복잡해서 말들이 많아. 보통은 이런 이슈를 뉴스에서 다루지. 그런데 그보다 앞서 박막례 할머니가 직접 키오스크를 체험하여 이 기계가 노인을 배려하지 않는다는 점을 드러냈어. 어떤 채널은 한국에서 생활하는 흑인들을 패널로 초청해서 "흑인이 극혐하는 한국말은?"이라는 제목의 영상을 만들었어. 그들은 "더럽다", "시커멓다"라는 인종차별적인 말을 많이 들어서 상처를 받았다는 이야기를 전했지.

> 굳이 유튜브 채널에서 사회적 문제를 얘기할 필요는 없겠지요. 하지만 구독자가 단 한 명이든 100만 명이든 관계없이 내게 중요한 이슈를 공유함으로써 세상을 바꿀 수도 있잖아요?

미국의 성소수자 유튜버 타일러 오클리가 한 말이야. 주변 친구들에게도 이 말을 전해 주면 어떨까?

| 새로운 교육의 장이 되다

 이렇게 유튜브가 좋은 역할을 하는데, 어른들은 왜 못마땅해하는지 모르겠어요. 저나 친구들은 궁금한 게 있으면 유튜브에서 검색을 하거든요. 그만큼 정보도 많고, 새로운 시각도 많은 거잖아요. 근데 부모님이나 선생님은 이해를 못하시더라고요. 검색은 포털 사이트나 사전으로 하는 거라면서요. 유튜브를 찾아보면 궁금한 점도 잘 설명해 주고, 영상으로 보면 더 이해도 잘되는데 말이에요.

확실히 다르긴 하네. 예전에는 궁금한 점이 있으면 검색 포털을 이용해 정보를 찾았는데 10대는 과연! 그만큼 궁금한 점을 해소해 주는 정보가 유튜브에 많다는 의미겠지. 방금 이야기한 대로 유튜브에서는 단순히 상식을 배우는 정도가 아니라, 기존의 학원을 대신할 만큼 다양한 교육이 이뤄지고 있기도 해. 예전 같았으면 바쁜 와중에 일일이 학원에 가서 돈을 내고 배워야 하는 것들을 방에서 공짜로 배울 수도 있지.

역시 말이 좀 통하네요! 저는 주로 유튜브에서 춤을

배워요. 그 외에 유튜브에서 배울 만한 것들은 뭐가 있는지 알려 주실래요?

셀 수도 없이 많지. 몇 가지 추천해 볼게. 혹시 요리 좋아해? 예전엔 요리를 제대로 배우려면 학원에 갔잖아. 그런데 이제는 쿡(cook)방이 많아져서 유튜브만 틀어 놓으면 요리법을 배울 수 있어. 한식, 양식, 중식 등 다양한 요리 영상을 보면서 따라 하면 되지. 운동도 유튜브에서 배우기 좋은 분야야. 홈트라는 말 알지? 홈 트레이닝을 줄인 말인데, 집에서 하는 운동을 말해. 예전 같았으면 근육을 키우거나 다이어트를 하려고 헬스장에 가서 트레이너에게 배웠겠지. 그런데 이제는 자신의 목표나 상황에 맞는 다양한 운동을 유튜브에서 배울 수 있어. 이 외에 여러 가지 상식과 지식도 얻을 수 있는데 수학, 과학, 역사, 영어, 음악 등 좋아하는 과목이나 학문을 전문적으로 다루는 유튜버의 영상을 보면 도움이 많이 될 거야.

이쯤에서 조사 결과 하나를 소개해 볼게. 유튜브에서 2018년 한국 이용자를 대상으로 '유튜브, 러닝 콘텐츠 활용 현황 조사'라는 걸 했어. 최근 3개월 동안 학습을 목적으로 1회 이상 유튜브를 본 적 있는 이용자 1000명을 대상으로 어떤 영상을 시청하는지 분석한 내용이야. 여러 가지를 봤으면 중복으로 응답이 가능한 조사였어. 이 조사 결과, 이용자들이 가장 많이 본 공부 콘텐츠는 음악 콘텐츠로 75.9퍼센트에 달했어. 유튜브에서 음악이란 듣는 데 그치지 않고, 노래를 배우거나 다양한 춤, 악기 연주법을 배울 수 있는 분야인 거지. 2위는 생활 지식이었어. 다이어트 정보에서부터 수납 방법 등 다양한 생활 지식 콘텐츠가 있으니까. 나도 다림질하는 법, 넥타이 메는 법을 유튜브에서 검색해 본 적이 있는데 도움이 많이 됐어. 3위는 운동이었어. 이어서 요리와 자기계발, 건강 및 의학 지식 콘텐츠를 본다는 응답이 많았어.

왜 이렇게 유튜브에서 뭔가를 배우는 걸까요?

요즘 사람들은 많이 바쁘잖아. 학교나 직장 일이 끝나고 나면 밤이니 뭘 배울 짬이 없지. 학원에 등록을 해도 열심히 다니지 못할 것 같아서 주저하게 되기도 하고. 반면 유튜브는 언제 어디서나 영상만 틀면 학원이 된다는 장점이 있지. 수준에 맞는 다양하고 재미있는 콘텐츠가 많다는 것도 강점이야.

평범한 사람도, 사회에서 목소리를 크게 내지 못하던 사람도, 누구나 자기만의 목소리를 낼 수 있는 데다가 국경이라는 장벽을 무너뜨려서 세계인과 연결될 수 있고, 언제 어디서나 무엇이든 배울 수 있고, 이런 특성들을 발판으로 민주주의 발전에도 기여하니, 과연 유튜브가 이 시대를 대표한다고 봐도 될 것 같아.

하지만 빛이 강하면 그림자도 짙은 법. 이런 유튜브에도 부작용이 만만치 않아. 다음 장에서는 유튜브가 이 사회에 드리운 그림자를 살펴보자.

댓글

음모론과 허위 정보

👍 👎

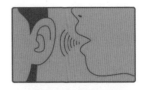

차별·혐오 표현

👍 👎

자극적·선정적 표현

👍 👎

낚시성 콘텐츠

👍 👎

기만적·선정적 광고

👍 👎

저작권 위반

👍 👎

나쁜 콘텐츠가
쏟아진다

chapter 3

저는 유튜버예요. 아직 조회 수는 그리 높지 않지만 학교, 학원, 집에서 중학생의 일상을 열심히 올리고 있어요. 그런데 가끔 이상한 댓글이 달려서 마음에 상처가 될 때가 있어요. 쓸데없이 왜 이런 걸 올리냐, 못생겼다, 이런 말을 들을 때마다 머리카락이 주뼛 서요. 그러고 보니 얼마 전에는 제가 좋아하던 유튜버가 자기 방송에 나온 여동생에게 심한 욕을 한 일도 있었어요. 제가 욕을 먹은 것도 아닌데 너무 불쾌했죠.

즐겁고 밝은 영상만 있으면 좋을 텐데 왜 이렇게 악성 댓글이나 폭력적인 콘텐츠가 많아지는 거지요?

| 음모론과 허위 정보

이건 앞서 이야기했던 '게이트 키핑'의 두 얼굴이라고 할 수 있겠어. 게이트 키핑이 콘텐츠 생산자의 자유를 일부 억압하지만 질이 떨어지는 내용은 걸러 주는 역할도 하거든. 물론 게이트 키핑이라고 해서 만능열쇠는 아니지만 말이야.

기존 미디어와 달리 누구나 자유롭게 영상을 올릴 수 있으니 다양한 목소리가 나오는 건 유튜브의 장점이야. 이건 앞에서 이야기했지? 하지만 걸러야 할 표현을 거르지 못하는 문제가 생기고 있어. 특히 '가짜 뉴스'라고 불리는 음모론이나 허위 정보를 비롯해 혐오와 차별적인 표현, 기만적인 광고, 낚시성 콘텐츠, 저작권을 위반한 콘텐츠 등은 문제가 심각하지. 이는 물론 유튜브뿐 아니라 소셜 미디어와 인터넷 동영상 서비스 전반에서 불거지고 있는 문제이기도 해.

아, 가짜 뉴스! 얘기는 많이 들어 봤어요. 선생님도 요즘 가짜 뉴스가 많으니까 아무거나 믿어서는 안 된다고 얘기해 주신 적이 있고요. 하지만 작정하고 속이려 드는 가짜 뉴스를 우리가 무슨 수로 걸러요? 그 전에 가짜 뉴스가 정확히 뭔지도 헷갈려요. 같은 일을 두고도 이 뉴스가 하는 말, 저 뉴스가 하는 말이 다를 때도 있던데요. 그게 다 가짜 뉴스 같지는 않고요. 가짜 뉴스란 정확히 뭔가요? 그리고 왜 요즘 이렇게 큰 문제가 되는 거예요?

중요한 지적을 해 줬네. 그래, 먼저 가짜 뉴스란 무엇인지 정확히 짚어야 '논점이 다른' 뉴스와 가짜 뉴스를 구분할 수 있을 거야.

가짜 뉴스는 '페이크 뉴스(Fake News)'를 번역한 말이야. 페이크 뉴스는 원래 언론사를 흉내 내서 사실이 아닌 정보를 유포하는 경우를 가리켰어. 2016년 미국 대선 때 처음 논란이 되기 시작했지. 혹시 이런 얘기 들어 봤니? 대선을 앞두고 미국 피자집 앞에서 누군가 총을 난사한 적이 있어. 붙잡힌 범인에게 왜 총을 쏘았는지 물었더니 "힐러리 클린턴 대선 후보의 범죄를 밝히려 했다"라고 말했지. 웬 뚱딴지 같은 소리? 알고 보니 힐러리 클린턴 후보가 그 피자집에서 아동 성매매 범죄를 벌이고 있다는 가짜 뉴스가 유포됐는데, 범인이 그 정보에 속았던 거야.

독일에서도 가짜 뉴스 때문에 큰 논란이 벌어진 적이 있어. 앙겔라 메르켈 총리가 시리아 난민과 함께 사진을 찍은 적이 있는데, 이 난민이 테러 용의자라는 가짜 뉴스가 돌았지. 이 때문에 메르켈 총리가 곤경에 처하기도 했어.

미국에서 〈버즈피드(BuzzFeed)〉라는 뉴스 사이트가 분석을 해 보니 2016년 미국 대선 직전 3개월 동안 인기를 끌었던 음모론과 허위 정보 콘텐츠 20건에 대한 공유·반응·댓글 건수가 페이스북 안에서만 총 871만 1000건에 달했어. 〈CNN〉, 〈뉴욕타임스〉, 〈워싱턴포스트〉 등 전통적인 미디어가 쓴 대선 기사 중 가장 호응이 높았던 20건에 대한 반응(736만 건)보다 훨씬 뜨거웠던 거지. 이 결과는 많은 사람들에게 충격을 안겨줬어.

자, 본격적으로 이 이야기를 하기 전에 '가짜 뉴스'라는 표현에 대해 고민해 보자. 표현이 정확해야 의미가 잘 전달될 텐데 가짜 뉴스라는 표현은 지금 벌어지는 사회 현상을 제대로 설명하지 못한다는 비판을 받고 있거든.

네? 가짜 뉴스를 가짜 뉴스라고 부르면 안 된다고요?

보통 페이크 뉴스를 가짜 뉴스라고 번역해서 쓴다고 앞서도 설명했어. 페이크 뉴스는 '언론이 아닌데 언론을 흉내 내 속이는 뉴스'라는 의미라는 것도 이미 이야기했지? 여기에는 두 가지 전제가 있어. 첫째, 거짓 내용으로 사람을 속인다. 둘째, 언론사가 아닌 곳으로부터 나온다. 그런데 지금 한국의 상황을 놓고 보면 이 두 가지 정의가 해당 내용에 다 들어맞진 않아. 흔히 메신저 대화창에서 '받은 글'이라는 이름으로 유포되는 지라시 정보가 많잖아. 이것도 가짜 뉴스라고 많이들 부르는데, 페이크 뉴스와는 달리 기사 형식은 아니지. 반대로 언론사인데도 페이크 뉴스라고 불릴 만한 기사를 쓰는 곳도 있어. 하지만 엄연히 언론사가 내는 기사니

페이크 뉴스의 의미와는 들어맞지 않지. 한국에서는 등록 절차만 거치면 인터넷 언론을 간단히 만들 수 있기 때문에, 페이크 뉴스 매체라고 해도 언론사로 등록만 하면 진짜 뉴스가 되어 버린다는 문제도 있어.

그래서 언론이 내보내는 뉴스냐 아니냐, 그 뉴스가 사실이냐 아니냐 하는 관점으로 고민하기보다는 정보의 성격에 주목해 '허위 정보'라고 불러야 한다고 보는 견해가 있어. 정부는 이와 유사한 개념으로 '허위 조작 정보'라는 표현을 쓰고 있지. 그런데 명백한 허위로 볼 만한 경우에는 이런 표현에 큰 문제가 없는데, 허위 정보라는 말도 언제나 딱 들어맞는 건 아니야. 유튜브에는 '문재인 대통령 치매설'이나 '노회찬 의원 타살설' 같은 음모론 콘텐츠가 많아. 설득력이 매우 떨어지는 주장이긴 하지만 이건 하나의 가설이기 때문에 무조건 허위라고 규정하기는 어렵지. 이런 경우가 있기 때문에 허위 정보라는 말도 딱 맞지는 않는다는 거야.

이 책에서는 페이크 뉴스나 가짜 뉴스라는 표현 대신, 가급적이면 음모론과 허위 정보라고 표현하려고 해. 이 말에도 한계는 있지만 말이야. 이 문제를 둘러싼 복잡한 얘기가 더 있는데, 그건 4장에서 구체적으로 소개할게.

하나의 현상을 표현하는데 이렇게 많은 고민이 필요하군요. 좋아요, 왠지 믿음이 가요. 저도 음모론과 허위 정보라고 부를게요. 그런데 사실 저는 유튜브에서 이런 정보를 본 기억이 나지는 않아요. 제가 너무 감쪽같이 속아서일까요? 아니면 사람들이 실제보다 문제를 확대하는 건가요?

유튜브에 돌아다니는 음모론과 허위 정보는 꽤 많아. 해외에서는 주로 난민이 범죄를 저질렀다거나 난민으로 인한 피해를 부풀리는 음모론과 허위 정보가 많았지. 한국에서는 5·18 민주화운동을 북한군이 일으켰다는 주장, 5·18 민주화운동 유공자가 현 정부에서 급증했고 이들을 비판하면 징역형을 살게 된다는 주장, 앞서 등장한 문재인 대통령 치매설, 노회찬 의원 타살설, 남북정상회담 때 한국이 태극기를 부착하지 않았다는 주장, 북한에 쌀을 지원한 탓에 쌀 가격이 폭등했다는 주장 등을 담은 영상이 몇 만에서 몇 십만 조회 수를 기록했어.

유튜브에는 '인기 영상'이라는 섹션이 있어. 조회 수와 화제성 등을 바탕으로 인기 있는 영상을 매일 자동으로 취합해서 보여 주지. 즉, 유튜브 내에서 주목받은 영상이자 유튜브 스스로 적극적으로 알리는 영상이라고 할 수 있어. 문제는 이런 영상 가운데서도 음모론과 허위 정보가 많다는 거야. 문제가 있는 영상이 주목을 받고 있는 거지.

만일 누가 나에 대해 잘못된 소문을 퍼뜨렸는데 그걸 세상 사람들은 물론이고 친구들과 가족들까지 믿는다면 으으, 생각만 해도 너무 끔찍해요. 도대체 이런 정보는 누가, 왜 만드는 건가요? 취미 삼아 하는 건 아닐 테고….

분명한 두 가지 목적이 있어. 첫째는 정치적 목적이
야. 특정 세력이 정치적인 이익을 위해 상대를 비난
하고 자신과 유사한 생각을 가진 사람들에게서 여론을 모으
기 위한 경우지. 한국에서는 보수층 시민 중 일부가 유튜브를
통해 음모론을 유포하고 있어.

박근혜 전 대통령 탄핵 국면에서 보수 언론마저 비판적인
태도를 보이니, 일부 지지자들이 기성 보수 언론에 강한 불신

을 갖게 되었지. 그래서 이들은 유튜브를 대안 언론으로 삼았어. "우리에겐 신문도 지상파도 종편도 없습니다. 우리가 모두 언론이 되면 됩니다. 스마트폰으로 애국 혁명을 일으킵시다!" 2017년 2월 서울시청 앞 박근혜 대통령 탄핵 반대 집회 중 사회자가 한 발언이야. 이들의 생각을 엿볼 수 있는 대목이지. 물론 음모론과 허위 정보는 보수 집단만의 문제는 아니야. 어떤 정치 세력이든지 음모론을 퍼뜨릴 수 있고, 적지 않은 사람들이 이를 믿는다고 보면 돼.

두 번째는 경제적인 목적이야. 자극적인 주장은 사람들의 주목을 끌잖아. 유튜브도 그렇지만 언론사도 사람들이 웹사이트에 접속을 많이 할수록 광고 수익을 많이 얻을 수 있어. 개인 역시 이런 이유로 허위 정보를 올리기도 해. 돈을 벌기 위해 허위 정보, 혹은 자극적인 정보를 유포하는 거지. 2016년 미국 대선 때, 프란치스코 교황이 트럼프를 지지한다는 허위 정보가 논란이 된 적이 있어. 그런데 알고 보니 이는 마케도니아에 위치한 벨레스라는 소도시에 사는 10대 청소년들이 만든 뉴스였어. 이들의 목적은 순전히 조회 수를 늘려서 돈을 버는 것이었다고 해.

| 차별·혐오 표현

Q 허위 정보도 문제지만, 저는 욕이나 나쁜 표현이 너무 싫어요. 얼마 전에 김치녀라는 말을 쓰는 친구 때문에 싸운 적이 있어요. 저는 기분이 나쁘다고, 그런 말은 쓰지 말라고 했는데 친구는 그냥 장난이었다면서 넘어가더라고요. 그런데 이런 말이 욕도 아니고 하니, 저도 딱히 뭐라고 하지는 못했어요. 말이 너무 교묘하다고 할까요? 어디서 어떻게 화내야 할지 잘 모르겠어요.

A 김치녀 같은 표현은 혐오 표현이라고 볼 수 있어. 혐오라고 하면 극도로 징그러워한다는 의미처럼 들리지만 실제로는 의미가 복잡해. 국가인권위원회의 정의를 빌려 보자. 이 기구는 혐오 표현을 "어떤 개인·집단에 대하여 그들이 사회적 소수자로서의 속성을 가졌다는 이유로 그들을 차별·혐오하거나 차별·적의·폭력을 선동하는 표현"이라고 정의했어. 즉, 종교·인종·사상·성별·성적 지향 등이 다른 소수자와 약자들을 문제가 있다고 보거나 열등하게 여기고, 이를 바탕으로 실제 차별로 이어질 수 있는 표현이 혐오 표현이라고 보면 돼. 여성을 비하하는 김치녀나 된장녀, 흑인

을 비하하는 깜둥이 같은 말, 장애인이나 특정 지역 출신 사람을 비하하는 표현이 그런 예지.

이런 얘기를 하면 꼭 나오는 질문이 있어. 남성을 향한 비하 표현도 혐오 표현으로 봐야 하냐고. 100년 전만 해도 여성은 투표도 하지 못할 정도로 기본적인 인권을 박탈당했어. 지금은 많이 나아졌다고 하지만 여전히 직장이나 사회에서 여성이 차별을 받는 구조이지. 그러니 여성이 남성에게 조롱성 발언을 한다고 해서 실제 차별로 이어질 가능성은 높지 않아.

여성을 된장녀니 김치녀니 하며 비하하는 건 여성을 동등한 인격체로 대하지 않는다는 심리가 반영돼 있어. 이런 심리가 바탕이 되어 데이트 과정에서, 또는 이별 통보를 받았을 때 상대의 의사를 존중하지 않고 폭력을 쓰는 일도 생기는 거고. 반면에 여성이 남성에게 이별 통보를 받았다고 해서 남성에게 폭력을 휘두른 사례는 찾기 힘들지. 장애인이 비장애인에게 욕을 한다고 해서 비장애인이 실제로 차별받는 일로 이어지기는 힘든 것처럼 말이야. 하지만 비장애인이 장애인을 비하하거나 나쁜 선입견을 갖게 하는 말을 한다면, 그들은 일상생활에서 현실적인 어려움에 부딪칠 수 있어. 따돌림을 당하거나 일자리를 구하기 어려워지거나 하는 식으로 말이야.

물론 혐오 표현도 절대적인 개념은 아니라서 맥락에 따라 다르게 받아들일 필요는 있어. 남성 수감자들만 있는 교도소에서 여성 교도관이 혐오 표현과 유사한 발언을 한다면, 혹은 흑인만 사는 지역에서 백인이 특정 표현으로 불리며 차별을 받는다면 혐오 표현으로 볼 여지는 있지.

Q 아, 대충은 알겠어요. 내 말이 실제 차별로 이어질 가능성을 생각해야 하는군요. 그런데 혐오 표현과 욕은 다른가요? 기분이 나쁘다는 점에서는 똑같은 것 같기도 하고, 욕은 그냥 감탄사처럼 쓰는 거라서 차별로 이어지기까지 할 정도는 아닌 것 같기도 한데…. 어떻게 생각하세요?

A 둘 다 좋지 않은 표현이지만 혐오 표현은 일반적인 욕설보다 심각하게 받아들여야 한다고 생각해. 단순히 말에 그치지 않고 실제 행동으로 이어질 수 있기 때문이야. 소수자와 약자를 열등하고 무시해도 되는 대상이라고 느끼면 그를 존중할 수 없지. 존중하는 마음이 없다면 상대의 의사와 상관없이 그를 내 마음대로 해도 된다고 생각하기 쉽고. 무엇보다 표현이 이어지면 사실이 아닌 편견도 사실처럼 믿게 되는 경우가 많아. 특정 성별이나 인종이 열등하다고 믿는 것처럼 말이야. 국가인권위원회가 조사한 바로는 혐오 표

현을 들은 사람들은 자존감 손상으로 인해 자살 충동·우울증·공황발작·외상 후 스트레스 장애 등에 시달린다고 해. 그래서 혐오 표현을 '영혼의 살인'이라고도 부르지.

이 분야를 연구해 온 학자인 홍성수 숙명여대 법학과 교수는 혐오 표현에도 여러 가지 종류가 있어서 자세하게 뜯어봐야 한다고 강조해. 우선 차별적 괴롭힘이 있어. 이런 표현은 큰 문제가 없다고 생각할 수도 있지만 분명 혐오 표현이야. "우리나라 여자들이 다 취집을 해서 국내 총생산이 낮아"라는 말이 그런 예야. 고용·서비스·교육 등의 영역에서 차별적인 속성을 이유로 소수자에게 수치심과 모욕감, 두려움 등의 정신적 고통을 주는 표현이니까. 다시 말하면 여성이 임신이나 출산·양육 같은 과정을 거치면서 어쩔 수 없이 경력이 단절되는 상황 등은 고려하지 않고, 사회가 이런 계층을 배려해주지도 않으면서 일방적으로 매도하는 거지. 이러한 차별 표현은 남성 중심적인 사회 분위기를 반영하고 언제든 차별로 이어질 수 있다는 점에서 문제가 돼. 또한 범죄나 차별로 이어지지 않더라도 혐오 표현은 그 자체로 사람들에게 상처를 줄 수밖에 없어.

가장 심각한 혐오 표현은 증오·선동 표현이야. 이 표현은 증오 범죄로 이어질 수 있는 단계의 표현이지. 일본의 극우 성향 시민들은 "한국인은 다 죽여야 돼" 같은 말을 쉽게 하는데 이런 표현이 증오·선동 표현에 해당돼.

이런 증오의 감정은 종종 불행한 사건으로 이어져. 2019년 폴란드 그단스크(Gdańsk)시의 아다모비치 시장이 괴한의 칼에 찔려 사망하는 일이 벌어졌어. 그는 성소수자들과 유대인을 지원하는 목소리를 내 온 정치인이었는데, 극우 세력이 여기에 불만을 품고 저지른 증오 범죄였지. 2018년 미국 펜실베이니아주 피츠버그의 한 유대교 사원에서는 유대인을 겨냥한 총격 사건이 벌어져 11명이 숨졌어. 역시 유대인을 증오하는 반(反)유대주의 범죄였지. 독일 나치의 집단 학살처럼 우리가 역사 속에서 기억하는, 특정 민족과 인종을 학살하는 행위도 일종의 증오 범죄야.

그러고 보니 제가 좋아하는 유튜버들도 늘 그렇지는 않은데 가끔 "김치녀 같다", "장애인 같다"라는 표현을 쓰더라고요. 사실 "장애인 같다"라는 말은 친구들끼리도 장난으로 많이 하고요. 꼭 그렇게까지 나쁜 의도를 가지고 한 말은 아니거든요. 하지만 막상 그 말이 일으킬 수 있는 문제를 알고 나니 많이 부끄러워요. 유튜브에서는 얼마나 이런 표현을 많이 쓰는 거예요? 어떤 표현이 문제가 되었나요?

유튜브는 주기적으로 자신들이 삭제한 콘텐츠의 성격을 밝히는 〈투명성 보고서〉라는 걸 내고 있는데 이 자료를 보면 혐오 표현 문제가 얼마나 심각한지 알 수 있어. 2018년 7~9월 석 달 사이에 증오 표현이 담긴 극단주의 영상이 얼마나 많이 신고되었는지 맞혀 볼래? 무려 743만 2000여 건에 달해. 해외에서는 세계적인 유튜버가 히틀러를 옹호하는 듯한 반유대주의적인 영상을 올리거나 흑인 비하 발언을 해 논란이 되곤 했어.

한국은 어떨까. 〈세계일보〉가 2018년 12월에 실시한 '혐오의 파시즘' 국민의식 조사에 따르면 혐오 표현의 가장 큰 원인 제공자를 묻는 질문에 15.3퍼센트가 유튜브라고 답했어. 극단적인 성향의 커뮤니티 사이트들에 뒤이은 규모인데, 이를 보면 유튜브에서 혐오 표현이 심각하다는 점을 알 수 있지.

유튜브에서 혐오 표현들을 검색해 보면 정말 많은 영상들을 찾을 수 있어. "외제차에 혹해 떠났던 전 여친 참교육", "김치녀 엿 먹이기", "맘충의 최후", "꼴페미 진상" 같은 제목의 영상들이 대표적이야. 지금 잠깐 유튜브에서 '김치녀'를 검색창에 넣어 보았더니 3만여 개 영상이 나오고, '된장녀'를 검색하니 1만여 개, '맘충'은 6000여 개 영상이 검색되네. 그만큼 혐오 표현을 가지고 많은 콘텐츠들을 만들고 있다는 뜻이겠지.

이런 일도 있었어. 한 여성 인터넷 방송 진행자가 "키가 작은 남자는 죽어야 한다. 6·25 전쟁 났을 때 다리 잘린 애냐"라는 발언을 했어. 분명히 도를 넘은 말이지. 그런데 여기에 반발한 남성 유튜버는 더욱 심각한 일을 저질렀어. 그 발언을 한 유튜버를 죽이겠다면서 실제로 그의 집을 찾아 나서는 모습을 생중계한 거야. 범죄를 저지르려는 모습을 인터넷 방송으로 만들고 그것을 즐기는 시청자들이라니, 양쪽 모두 큰 잘못을 한 거지. 신고를 받고 경찰이 출동해서 결국 범죄는 일어나지 않았지만 자칫 증오 범죄로 이어질 수 있는 끔찍한 일이었어.

아까 음모론과 허위 정보 이야기를 했잖아. 그런 정보가 혐오 표현과 맞물린 경우도 적지 않아. 특정 집단을 혐오하여 그들을 매도하기 위해 사실이 아닌 내용을 유포하는 거지. 음모론과 허위 정보로 우리 민족도 피해를 본 적이 있어. 일제 강점기 때 일본인들은 일본 간도 지역에 거주하던 조선인들이 우물에 독을 탔다는 유언비어를 유포했지. 이를 이유로 들어 수많은 조선인들을 잔인하게 학살했어.

만일 막강한 영향력을 가진 유튜브를 통해 이런 정보가 퍼지면 어떻게 되겠니? 실제로 세계 곳곳에서 비슷한 일이 벌어지고 있어. 난민 문제가 사회적 논란인 나라에서 난민에 대한 혐오 표현을 하고, 그들의 폭력성을 부각하기 위해 난민과 상관없는 영상을 '난민 범죄 영상'이라고 조작해서 내보낸 경우가 많았어. 우리나라에서는 한 종교 단체가 유튜브 등을 통해 "동성애 커플 주례를 거부하는 목사는 징역형에 처한다", "메르스와 에이즈가 결합한 슈퍼 바이러스가 창궐한다", "동성애를 합법화하면 수간(獸姦)도 합법이 된다" 하는 혐오 표현이 담긴 음모론과 허위 정보를 퍼뜨리기도 했지.

여기에 기업이 엮여 문제가 커진 사건도 있어. IS▶¹ 등 테러 단체와 백인 우월주의 단체가 유튜브에 올린 영상에 미국 기업 광고 영상이 노출된 거야. 그러자 미국 최대 이동통신사인 AT&T와 버라이즌을 비롯해서 존슨앤드존슨, 펩시, 스타벅스, 로레알, 맥도날드 등 우리에게도 익숙한 기업들이 유튜브 광고를 보이콧(Boycott)▶² 했어. 기업 입장에서는 혐오 표현 문제가 있는 영상에 자사의 광고가 붙으면 혐오 표현을 지지하는

▶1 이슬람 국가(Islamic State)의 머리글자를 따서 만든 말로, 급진적인 수니파 무장단체를 가리키는 말이야. 이슬람 근본주의 국가를 만들겠다는 목표로 테러와 범죄를 일삼고 있는 조직이지.

▶2 부당한 행위에 대항하기 위하여 정치·경제·사회·노동 분야에서 조직적·집단적으로 벌이는 거부 운동을 말해. 19세기 아일랜드에서 귀족의 재산을 관리하던 찰스 보이콧(Charles Boycott)이라는 사람이 있었는데, 노동자들을 심하게 괴롭혔어. 그래서 지역 상인들은 그에게 물건을 팔지 않고 노동자들은 그가 관리하는 농장에서 일하기를 거부한 데서 비롯된 말이야.

것 같은 이미지가 생겨서 손해라고 본 거지. 국내에서도 어느 대기업의 광고가 일본에서 제작한 혐한 콘텐츠 영상에 배치되자, 기업이 유튜브와 광고 계약을 해지하는 일이 있었어.

소수자와 약자 유튜버를 향한 댓글 언어폭력도 혐오 표현이라고 할 수 있어. 한 유튜버는 "나는 예쁘지 않습니다"라는 제목의 영상을 올려서 얼굴을 공개하고, 남의 시선을 의식하지 않고 자신감 있게 살겠다는 의지를 내보였어. 이 영상은 많은 사람들에게 큰 울림을 줬지만, 여기에도 외모를 비하하거나 욕을 하는 폭력적인 악플과 메일이 쏟아졌다고 해.

들고 보니 혐오 표현은 쉽게 구분할 수 있을 것 같아요. 하지만 듣자마자 '이거 뭐지?' 싶은 나쁜 표현도 많아요. 들어도 뭐가 문제인지 금방 알 수가 없는 거죠. 예를 들어서 뉴스에서 〈상어 가족〉 노래 가사가 성차별적이라고 하는 걸 들었어요. 저는 이 노래를 수도 없이 들었지만 한 번도 그렇게 생각해 본 적이 없거든요. 혐오 표현이 없다고 해도 그게 곧 좋은 콘텐츠라는 뜻은 아닌 것 같아요.

와, 거기까지 생각이 미쳤다니 대단한데! 맞아. 말한 그대로야. 심각한 혐오 표현이라고 할 수는 없지만 사회적으로 편견을 조장하는 표현들이 있어. 대표적인 게 예로 든 성차별적 표현이야. 어린이는 아직 가치관이 정립되기 전이라서 자칫 고정적인 성 역할을 강조하거나 성차별적인 내용을 보여 주면 그 콘텐츠의 영향을 받을 수 있지.

한국양성평등교육진흥원이 2018년 인터넷 방송에 나오는 어린이 프로그램을 모니터링한 적이 있어. 조사를 해 보니 112개 프로그램 중에 성차별적 내용이 54건이 나왔는데 이는 성평등적인 내용(10건)보다 5배가량 많았어. 주로 남자는 이래야 하고 여자는 저래야 한다는 식의 성 역할 고정관념을 조장하거나 외모 지상주의를 부추기는 내용이었지.

시민단체인 언론개혁시민연대에서도 아이들이 등장하는 유튜브 채널 11개를 조사한 적이 있어. 그 채널들 속에서 여자아이들은 놀이를 할 때 아기 인형을 재우거나 청소·빨래를 하는 역할을 주로 했지. 여자아이들이 등장하는 콘텐츠에서는 요리하는 장난감이 자주 나왔는데, 남자아이가 음식을 해 달라고 하면 여자아이가 요리를 하고 상을 차리기도 했어.

또 어린아이가 등장하는 인기 유튜브 채널 중 적지 않은 채널에서 여자아이가 화장을 하는 콘텐츠가 올라와 있었어. 예를 들면 어느 여자아이 유튜버는 거울을 보면서 누가 가장 예쁜지 물었는데, 거울이 이 여자아이가 예쁘지 않다고 해. 그래서 여자아이가 색조화장을 하고 다시 물어보니 거울이 예쁘다고 대답하는 식이야. 이런 콘텐츠로 인해 어릴 때부터 여성은 화장을 해야 한다는 왜곡된 인식을 무의식중에 강제할 수 있는 거지.

유튜브의 어린이 콘텐츠들을 보면 여성은 주로 분홍색 옷에 빨간색 리본을 달고, 남성은 파란색 계열의 옷을 입는 경우도 많아. 우리가 잘 아는 〈상어 가족〉 노래가 그런 예가 되겠다. 아빠 상어는 힘이 세고 엄마 상어는 어여쁘다니, 너무 전형적이잖아!

| 자극적·선정적 표현

Q 사실 어른들이 유튜브 같은 걸 왜 보냐고 많이들 그
러세요. 재미있으니까 보지 왜긴 왜겠어요. 그런 말
을 들을 때마다 답답했는데…. 이렇게 나쁜 말들이 많이 쓰이
고, 텔레비전 방송과 달리 막지도 못하니 왜 그렇게 걱정하는지
알 것도 같아요. 제가 느끼기에도 뭐랄까… 불편하게 느껴지는
콘텐츠가 많거든요. 그런데 막상 볼 때는 그게 나쁘다 좋다 하
는 생각보다는 후련하고 재미있으니까, 시간 가는 줄 모르고 보
게 돼요.

A 유튜브를 비롯한 인터넷 방송은 표현이 자유로워
서 더 재미있게 느낄 수 있다고 생각해. 하지만 선
정적이거나 자극적이고 폭력적인 표현들에 대해서는 지적을
할 필요가 있어. 이런 영상이 재미있긴 하지만 문제가 있다는
걸, 보는 친구들도 이미 알고 있는 것 같은데?

Q 맞아요. 저나 친구들도 문제라고 생각은 해요. 사실
우리도 나쁜 말, 좋은 말은 판단할 수 있거든요. 그런
데 어른들은 불안해하기만 하고, 우리가 이렇게 판단할 수 있

다는 걸 믿지 않아요. 그저 나쁘다고, 왜 절제하지 못하냐고 하면서 간섭만 할 뿐이죠. 어른들 말이 듣기 싫은 건 우리가 스스로 판단하고 결정해서 거를 수 있다는 점을 믿어 주지 않아서예요.

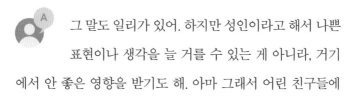

그 말도 일리가 있어. 하지만 성인이라고 해서 나쁜 표현이나 생각을 늘 거를 수 있는 게 아니라, 거기에서 안 좋은 영향을 받기도 해. 아마 그래서 어린 친구들에게 더 혹독하게 얘기하는 거 같아.

이건 그냥 막연한 걱정이라고 할 수도 없어. 2017년 미국에서는 '엘사 게이트(Elsa gate)'라는 사건이 있었어. 엘사는 알지? 애니메이션 〈겨울왕국〉의 주인공 이름이잖아. 게이트 (gate)란 정치적 음모나 부정부패 사건을 말하는데 사회적으로 큰 화제가 된 사건을 가리킬 때도 쓰여. 도대체 어떤 사건이길래 엘사 게이트라는 이름이 붙은 걸까.

유튜브에 'elsa'라고 입력하면 엘사가 헐벗은 몸으로 다른 남성 캐릭터와 성적인 접촉을 하거나 마약 범죄를 저지르는 영상이 나온 적이 있어. 엘사뿐 아니라 미키마우스, 미니언즈, 토마스 기차 같은, 아이들에게 인기 있는 캐릭터들이 나오는 선정적 영상도 많았지. 이런 영상은 아이들을 보호하기 위해 어린이용 콘텐츠만 담는 애플리케이션인 유튜브 키즈에도 버젓이 등장했어. 동생이나 조카가 무심코 엘사를 검색했다가 이런 영상을 보게 됐다고 생각해 봐. 끔찍하지 않니? 이 영상이 논란이 되자 유튜브에 광고를 해 온 아디다스, 마즈, 도이치뱅크, 캐드버리 같은 기업들이 유튜브에 광고를 중단하겠다고 밝혔지. 유튜브 부회장이 나서서 사과하고 개선책을 밝혔지만 비판은 쉽게 사그라지지 않았어.

선정적이고 자극적인 영상은 사람들이 쉽게 따라 할 수 있기 때문에 문제가 되기도 해. 혹시 영화 〈버드 박스(Bird Box)〉(수잔 비에르 감독, 2018)라고 아니? 눈을 뜨고 세상을 보면 이상한 현상이 일어나서 눈을 가리고 사는 사람들의 이야기를 담은 영화야. 영화가 인기를 끌자 사람들이 이 영화를 따라 하는 도전 영상을 올리기 시작했어. 그런데 단순히 눈을 가리고 집에서 한두 발짝 걷는 정도가 아니라 운전을 하기도 하고 차가 운행하는 도로를 건너는 경우도 있었어. 생각만 해도 아찔하지? 미국에서는 세탁 세제를 먹는 영상이 유행한 적도 있어. 어른들은 물론 아이들까지 세제를 음식에 넣어 먹는 영상을 찍어 올렸지.

미국의 유명한 유튜브 스타 로건 폴(Logan Paul)은 일본에서 사람들이 자살을 많이 한다는 아오키가하라 숲이라는 곳에 갔다가 자살한 남성의 시신을 발견했어. 그러고는 "일본 자살 숲에서 시체를 발견했다"라는 제목의 영상을 올렸어. 논란이 일자 그는 사과를 하고 영상을 삭제했지만, 이미 상당히 많은 사람들이 영상을 본 후였지.

어떤 사람은 단순히 재미있어 보인다는 이유로, 아니면 위험하고 무모한 데다 타인에게 상처를 줄 수 있다는 걸 알면서도 그저 인기를 얻기 위해, 이런 자극적인 영상을 올리곤 해. 이런 행동을 누군가는 따라 하고, 또 다른 사람에게 영향을 미치지.

이제 좀 이해가 되니? 어른들이 유튜브를 사용하는 걸 곱게 보지 않는 까닭은 문제가 있는 콘텐츠를 보고 영향을 받을까 걱정이 되기 때문이야. 유튜브의 좋은 기능도 많은데 굳이 나쁜 사례만 들어서 이야기하니 잔소리처럼 들리겠지만 이런 우려가 있다는 사실을 이해해 주면 좋겠어.

아, 생각보다 심각한 일이 많았네요. 꼭 그런 영상을 보려고 한 게 아니었더라도 무심코 보게 될 수도 있겠고요. 제 동생이 그런 영상을 봤을 수도 있다고 생각하니, 저라도 유튜브를 못 보게 하겠어요. 그런데 우리나라에는 아직 이렇게 심각한 일은 없지요? 다 먼 나라 얘기였으면 좋겠어요.

우리나라라고 예외일 수는 없어. 한 초등학생이 엄마가 옷을 갈아입는 모습 등을 담은 영상을 찍고 엄마 몰카라며 유튜브에 올려서 사회적으로 큰 충격을 준 일이 있었고, 어떤 유튜버는 경찰서에서 경찰관의 멱살을 잡고 난동을 부리는 모습을 영상으로 찍어 올리기도 했지. 음주운전을 하는 인터넷 방송도 있었고 가학적인 영상도 적지 않아. 한 번에 음식을 지나치게 많이 먹는 도전을 한다거나 차를 타고 도로에서 과속하는 영상은 앞의 사례보다는 덜 심각해 보일 수도 있지만, 어린이가 따라 할 위험이 있다는 점에서는 매우 걱정스럽지.

어린이 유튜버를 향한 선정적이고 자극적인 대응도 논란이 되고 있어. 특히 유튜브에서는 미성년자도 방송을 많이 하고 있는데, 다른 유튜버나 시청자들이 하는 행동이 그들에게는 크나큰 상처를 줄 수 있어. 띠예라는 유튜버가 있어. 초등학생 유튜버인데 음식을 먹는 ASMR▶ 장르의 콘텐츠를 주로 만들면서 화제를 모았어. 그런데 수십만 구독자를 모은 띠예를 성적 소재로 언급하는 영상을 만들어 올린 유튜버가 있는

▶ 자율감각 쾌락반응이라는 뜻의 Autonomous Sensory Meridian Response에서 머리글자를 따서 만든 말이야. 주로 청각을 자극해서 심리적인 안정을 느끼게 되는 현상을 뜻하지. 사각사각 종이에 글씨를 쓰는 소리, 바람이 부는 소리 같은 자극이 있으면 왠지 마음이 편안해지잖아. 이런 현상을 이용한 콘텐츠를 ASMR 장르라고 해.

가 하면, 아이에게 해서는 안 되는 말을 악플로 달고, 심지어
는 띠예를 시샘하는 누리꾼들이 그의 영상을 신고해서 삭제
하게 만드는 경우도 있었어.

이렇듯 우리 사회에서도 폭력적이고 선정적인 콘텐츠는 아
주 큰 문제야. 뒤에서 다루겠지만 제재할 마땅한 방법이 없다
보니 특히 어린 유튜버나 구독자들을 보호할 대책으로 어른
들은 "하지 마!", "보지 마!"를 외치기만 하는 거고.

| 낚시성 콘텐츠

그럼 이런 건 어때요? 가끔 어떤 연예인에 대한 엄청
난 비밀을 밝힌다는 영상이 있어서 호기심에 클릭할
때가 있어요. 그런데 막상 눌러 보면 이미지랑 자막만 뜨고 별
내용이 없어요. 완전 낚이는 거죠. 그냥 어그로꾼▶인 걸까요?
도대체 이런 영상은 왜 만드는 거예요?

▶ 어그로(aggro)는 분쟁이나 성가신 문제를 뜻하는 말인데, 인터넷에서는 사람들의
   관심을 끌기 위해 일부러 악의적인 글을 올리거나 싸움을 거는 행동을 하는 사람을
   일컬어 어그로꾼이라고 해.

낚시성 콘텐츠네. 인터넷 포털 사이트에 맛집이나 다이어트 정보를 검색해 보면 쓸 만한 내용은 없는 게시물이 정말 많지? 유튜브도 마찬가지야. 유튜브는 이용자가 영상을 많이 볼수록 제작자가 돈을 버는 구조다 보니 제목과 미리 보기 이미지인 썸네일을 자극적으로 만드는 경우가 많아.

어떤 정치인이 이혼하고 재혼했다는 영상을 클릭했는데 막상 내용을 보면 동명이인 이야기였고, 어떤 연예인이 여성 편력이 심하다는 제목의 영상은 "소문에 따르면"이라면서 실체를 드러내지 못하기도 하지. 촬영장에 지각하는 연예인을 비판하면서 "여전히 정신 못 차린 그의 충격적인 인성"이라며 매우 자극적인 제목을 붙이기도 해.

요즘은 언론사도 유튜브를 많이 하잖아. 여기에도 문제가 있어. 방송사에서 만든 뉴스를 가공해서 유튜브에 올리면서 제목을 자극적으로 바꾸는 경우가 많거든. 한 방송사에서 대패 삼겹살의 문제점을 지적하는 기사를 내보냈는데, 원래 제목은 "대패 삼겹살 왜 얇게 썰었나 했더니…"였어. 이 기사를 동영상으로 올리면서 어떤 제목을 달았게? "얇게 썬 대패 삼겹살 … 알면 못 먹는 충격적 비밀"이었어. 느낌이 확 다르지? 다른 방송사는 "키 크게 해 준다며 여중생 바지 벗기고…"라는 뉴스 동영상을 내보냈는데 원래 기사 제목은 "성장치료 한다며 여중생 수차례 성추행한 한의사, 징역 1년"이었어. 언론사는 보도를 하는 과정에서 선정적이고 자극적인 표현을 쓰지 않음으로써 윤리를 지켜야 하는데, 유튜브에서 관심을 끌기 위해 이렇게 낚시성 제목을 붙이고 있는 거야.

| 기만적·선정적 광고

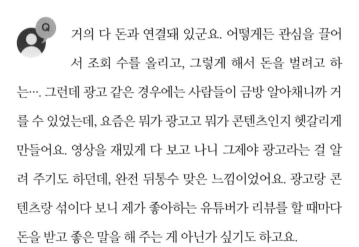

거의 다 돈과 연결돼 있군요. 어떻게든 관심을 끌어서 조회 수를 올리고, 그렇게 해서 돈을 벌려고 하는…. 그런데 광고 같은 경우에는 사람들이 금방 알아채니까 거를 수 있었는데, 요즘은 뭐가 광고고 뭐가 콘텐츠인지 헷갈리게 만들어요. 영상을 재밌게 다 보고 나니 그제야 광고라는 걸 알려 주기도 하던데, 완전 뒤통수 맞은 느낌이었어요. 광고랑 콘텐츠랑 섞이다 보니 제가 좋아하는 유튜버가 리뷰를 할 때마다 돈을 받고 좋은 말을 해 주는 게 아닌가 싶기도 하고요.

그렇지. 사실 광고는 기업이 만든 홍보 영상으로, 우리가 즐기는 콘텐츠와는 완전히 다르잖아. 그런데 지적한 대로 요즘 이 장벽이 무너지고 있어. 광고지만 재미있게, 또는 감동적으로 만들어서 사람들이 콘텐츠처럼 즐기게 하는 경우가 많지. 이런 광고를 기업 브랜드를 위한 광고지만 콘텐츠의 기능을 한다고 해서 브랜디드 콘텐츠(branded contents)라고 불러. 넓게 보면 기업의 후원이나 협찬을 받고 만든 광고도 브랜디드 콘텐츠의 한 종류로 볼 수 있어. 브랜디드 콘텐츠를 만드는 것 자체는 문제가 없지. 그런데 어디까지나 광고는 광고이기 때문에 광고라는 표시가 없이 만들면 사람들이 속을 수 있어.

특정 제품을 쓰고 리뷰를 하는 유튜버가 있다고 치자. 그는 자신이 쓴 제품을 솔직하게 평가하면서 사람들의 주목을 받기 시작했어. 그런데 어느 날 기업으로부터 돈을 받고 단점보다는 장점을 부각해서 영상을 올린 거야. 사람들은 이게 광고라고 생각하지 않고 솔직하게 만든 후기라고 오해할 수 있지. 만약 문제가 있는 제품을 광고한 거였다면, 소비자는 잘못된 정보 때문에 피해를 볼 수도 있고.

사실 유튜브에서는 돈을 받고 만든 영상에는 광고라는 점을 공개하게 하고 있어. 크리에이터가 영상을 올릴 때 '유료 광고 포함' 항목을 체크하면 영상 하단에 문구가 떠서 사람들이 이게 광고인지, 아니면 창작물인지 구분할 수 있는 거지. 그런데 여기에 강제성이 없어서 일부 유튜버는 돈을 받고 서도 받지 않은 척을 하기도 해. 공정거래위원회에서 유튜브, 인스타그램 등의 거짓 광고를 조사한 적이 있는데, 광고로 추정되는 의심 사례 가운데서 대가를 지급받았다는 사실을 밝힌 게시물은 거의 없었다고 해. 그러니 특정 제품의 장점만 지나치게 부각하는 리뷰 같은 콘텐츠는 광고일 수 있다는 의심을 할 필요가 있어.

그런데 이런 문제는 유튜브만이 아니잖아요. 블로그 맛집 후기 같은 것도 그렇고, 뭐가 광고고 뭐가 진짜 리뷰인지 모르겠어요. 이런 걸 막을 방법은 없나요?

블로그나 카페 같은 경우에는 광고를 하게 되면 반드시 돈을 받고 만들었다는 사실을 명시하게 했어. 표시광고법이라는 법이 있는데, 이 법에 따라 돈을 받거나 제품을 협찬 받아서 블로그나 카페에 글을 올릴 때는 대가를 받았음을 명시하도록 하고 있지. 하지만 SNS나 유튜브는 아직 분명하게 이 법의 적용 대상으로 정해지지 않았어. 그러니 앞으로 조항을 바꿀 필요가 있지.

Q 광고 얘기하니까 떠오르는 게 있어요. 멀쩡한 영상 앞에 붙는 광고 중에 야한 게임 같은 이상한 광고가 많더라고요. 영상 앞에 붙으니까 광고라는 건 분명히 알겠는데 제가 봐도 너무 심했어요. 텔레비전에서는 한 번도 그런 걸 본 적이 없는데 인터넷에서는 그냥 내보내도 되는 건가요?

A 맞아. 유튜브를 포함해서 온라인 광고 전반에 문제가 많아. 텔레비전에는 광고할 수 있는 제품이 법으로 정해져 있고 여러 가지 방식으로 심의를 거치지. 예를 들어 술 같은 경우에는 국민 건강을 위협할 수 있기 때문에 광고를 내보낼 수 있는 시간을 늦은 밤으로 제한하고, 술을 마시는 행위가 멋있다거나 술을 잘 마셔야 성공하기 쉽다거나 하는 식으로 미화할 수 없게 광고 내용을 검토해. 하지만 유튜브를 비롯한 인터넷에는 그런 장치가 없지.

유튜브에는 지나치게 선정적인 광고가 많아서 청와대 국민 청원에 오를 정도였어. 특히 게임 광고 문제가 심각하지. 여러 명의 여성 캐릭터가 남성 캐릭터의 선택을 기다리는 장면을 보여 주면서 여성의 신체를 부각하기도 하고, 여성 캐릭터의 신체 부위 클릭을 유도하는 광고도 있었어. 유튜브는 부적절한 광고는 걸러 내고 있다는 입장이긴 한데 당연히 완벽할 수 없겠지. 한국 기업들은 광고와 관련한 심의 기구를 자율적으로 운영하고 있는데 유튜브도 같은 내용의 심의를 받게 하거나 인터넷 광고 기준을 엄격하게 하는 법이 대안으로 거론되고 있어.

| 저작권 위반

Q 예능 프로그램을 공짜로 보고 싶어서 유튜브를 이용할 때가 있어요. 이런 영상을 올려도 처벌을 받는 것 같지는 않던데, 별문제는 없겠죠?

A 그런 영상은 저작권을 지키지 않은 콘텐츠일 가능성이 높아. 저작권의 정확한 개념을 설명하자면 '창작물을 만든 사람의 노력과 가치를 인정해서 만든 사람을 보호하는 권리'라고 할 수 있어. 내가 열심히 연구하고 공부해서 발명품을 만들었는데 누가 그대로 베껴 버리면 정작 발명한 사람은 아무 보상을 받지 못할 수도 있잖아. 영상도 마찬가지야. 그래서 이를 방지하기 위해 창작자의 권리를 보장한거지. 누군가가 열심히 돈을 들이고 아이디어를 짜내서 만든

영상을 무단으로 퍼 가면 안 돼. 특히 남이 만든 영상을 돈 받고 판다면, 영상을 만든 사람은 손해를 보겠지.

그런데 유튜브에는 이렇게 불법으로 퍼다 나르는 불펌 영상이 너무 많아. 방송사들은 유튜브에 저작권 위반 영상이 올라올 때마다 신고를 하고 있어. 2017년부터 2018년까지 2년 동안 KBS, MBC, SBS 등 지상파 방송 3사가 유튜브에 저작권 위반 관련 시정을 요구한 사례가 무려 26만 1042건이나 돼. 같은 기간 지상파 방송 3사가 아프리카TV에 신고한 건수와 비교하면 무려 60배가 넘지.

불펌 영상을 보면 뭔가 이상하다는 걸 느끼지 않니? 애매한 데에 모자이크가 되어 있거나 왠지 어색해 보이기도 하지. 그 이유는 단속을 피하기 위해 방송사 로고를 가리거나 영상의 좌우를 바꾸기도 하고, 영상 일부를 흐리게 만들었기 때문이야. 무단으로 훔쳐 간 영상은 자동화된 프로그램으로 실제 영상과 대조해서 금방 찾을 수가 있거든. 이를 피하기 위해서 이런 방법을 쓴 거지. 나쁜 방식의 진화라고 할까.

불펌 영상을 올린다고 무조건 처벌하는 건 아니지만 이런 영상을 소비하는 게 바람직하지 않다는 점을 기억했으면 해.

그러면 영상 전체가 아니라 일부를 가져가는 건 어때요? 유튜브에는 드라마나 영화, 게임 영상을 조금씩 올려서 리뷰하는 콘텐츠가 많은데 이런 것도 저작권 위반인가요? 리뷰는 다른 이용자에게 도움이 되니까 일부만 사용하는 건 괜찮을 것 같은데요.

저작권법은 영상의 일부라도 무단으로 써서는 안 된다고 규정했어. 그래서 영화, 게임을 리뷰하는 콘텐츠라도 저작권자들이 문제를 제기하는 경우가 있어. 영화 같은 경우는 단순히 예고편을 보여 주는 정도를 넘어서 중요한 줄거리를 요약해서 알려 주는 콘텐츠들이 있어. 그러면 어떤 사람은 이 콘텐츠 때문에 영화를 안 볼 수도 있잖아. 게임도 마찬가지야. 요즘 영화 같은 게임이 많아졌지. 그런데 중요한 게임 내용을 유튜브에 올려 버린다면 어떤 사람은 리뷰만 보고 그 게임을 구입하지 않을 수 있을 거야. 물론 이런 콘텐츠들은 영화나 게임을 어느 정도 홍보하는 효과도 있어. 콘텐츠를 보고 영화에 관심을 갖거나 게임을 구입하는 경우가 있으니까. 그래서 이런 콘텐츠에 저작권을 주장하는 기업도 있고, 그 정도는 허용하는 기업도 있어. 그래도 어디까지나 리뷰의 목적에 충실하도록, 영상을 퍼 올 때 주의하는 게 좋겠지.

유튜브에서 문제가 되는 콘텐츠들이 이렇게 많군요. 왜 군이 그렇게 열심히 욕을 하고 폭력적인 영상을 올리나 궁금했는데, 어느 정도 궁금증은 풀렸어요. 그런데 한 가지 답답한 게 있어요. 텔레비전은 방송 내용을 심의하고 규제한다고 했잖아요. 그러니까 어린아이가 텔레비전을 무심코 보더라도 그렇게 나쁜 동영상을 보게 될 확률은 별로 없고, 애초에 몇 세 이상만 시청하도록 지도하라는 표시도 있고요. 유튜브에는 왜 그런 게 없나요? 그리고 왜 나쁜 댓글을 달고 다른 사람에게 상처를 줘도 처벌받지 않나요?

옳은 지적이야. 바로 그 점이 지금 사회에서 가장 뜨겁게 논의하고 있는 부분이기도 하고. 다음 장에서는 지금 지적한 문제에 대해 자세하게 이야기를 나눠 보자.

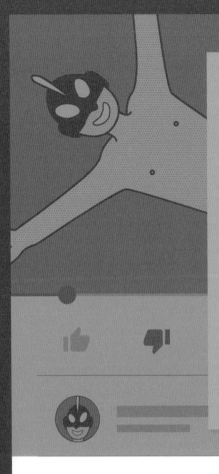

동영상 신고

- ◉ 성적인 콘텐츠
- ○ 폭력적 또는 혐오스러운 콘텐츠
- ○ 증오 또는 악의적인 콘텐츠
- ○ 유해한 위험 행위
- ○ 아동 학대
- ○ 권리 침해
- ○ 테러 조장
- ○ 스팸 또는 사용자를 현혹하는 콘텐츠

취소   신고

이게 다 알고리즘 때문이야 ⋮

심의가 제대로 이뤄지지 않는 이유 ⋮

개인정보와 광고 ⋮

유튜브, 책임을
다하고 있니?

chapter 4

Q 얼마 전에 초등학교 1학년 사촌동생이 집에 놀러 왔어요. 그래서 잠깐 동생을 돌봐야 했는데 유튜브 보고 있으라고 휴대폰을 빌려줬거든요. 그런데 외출하셨던 부모님이 돌아오셔서 저를 호되게 혼내셨어요. 사촌동생이 야한 영상을 보고 있었대요. 저는 그런 걸 보여 준 적이 없고, 사촌동생은 아직 너무 어려서 그런 영상을 찾아볼 리가 없을 것 같은데 어쩌다 그랬을까요? 유튜브에는 왜 이리 나쁜 영상이 많이 보이는 걸까요?

| 이게 다 알고리즘 때문이야

A 정말 난처했겠다. 유튜브에서 조금만 방심하면 이상한 영상을 보게 되는 것 같아. 왜일까?

우리가 유튜브를 어떻게 쓰는지 떠올려 보자. 한 아이돌 가수의 영상을 보고 싶어서 유튜브에 검색하여 동영상을 봤다고 쳐. 그다음에 유튜브는 그 아이돌이 나오는 다른 영상을 추천해 주고, 내가 좋아할 만한 다른 아이돌의 영상도 이어서 추천하지. 이런 영상을 보고 나면 다음에 접속할 때는 첫 화면에서부터 내가 좋아할 만한 아이돌 영상이 잔뜩 떠 있을 거야. 유튜브 알고리즘은 나도 모르게 내가 어떤 영상을 가장 먼저, 가장 많이, 가장 오래 보는지, 그리고 어떻게 반응하는지를 계산해서 자동으로 추천하거든. 누구나 영상을 올릴 수 있고 언론과 달리 자체적인 검증을 하거나 심의를 받지 않는 유튜브의 특성이 이 알고리즘 시스템과 만나 점점 더 개인의 성향에 맞고 자극적인 콘텐츠가 부각되게 하고 있는 거야.

 알고리즘요? 그게 뭐예요? 인공지능 같은 건가?

알고리즘은 특정한 문제를 해결하거나 목표를 이루기 위해 필요한 절차, 방법, 명령들을 모아 놓은 기술 체계를 뜻해. 좀 어렵지? 간단하게 말하자면 사람이 아닌 컴퓨터가 자동으로 수학 문제를 푸는 것처럼 특정한 목적을 위해 단계별로 행동하는 거라고 보면 돼. 유튜브는 콘텐츠 추천·배열·심의 등에 있어 알고리즘의 복합체라고 할 수 있어. 특히 유튜브의 추천 알고리즘은 우리에게 큰 영향을 미치지. 첫 화면에 어떤 영상을 놓을지, 특정 단어를 검색할 때 비슷한 영상 중에 어떤 영상을 더 위에 배치할지, 영상을 다 본 시청자에게 그다음엔 어떤 영상을 추천할지 알고리즘을 통해 결정하는 거야.

아, 그렇군요. 알 듯 말 듯 하지만…. 그런데 자동으로 추천해 주는 건 편리한 기능 아닌가요? 일일이 찾지 않아도 취향 저격 콘텐츠를 알아서 보여 준다는 거잖아요. 이건 좋은 기능 같은데 왜 문제를 일으키는 걸까요?

유튜브에 머무는 시간이 길수록 광고를 더 많이 보게 되잖아. 유튜브는 이용자가 광고를 많이 보게 만들어서 돈을 벌어들인다고 앞에서 설명했지? 그래서 사람들이 조금이라도 더 동영상을 많이 보도록 취향에 맞춰 영상을 보여 줘. 다시 말해서, 유튜브의 목적은 사람들을 오래 잡아둘 수 있는 콘텐츠를 보여 주는 거지 좋은 콘텐츠를 보여 주는 게 아니야.

이런 성격은 양날을 가진 칼이라고 할 수 있어. 내가 좋아할 만한 동영상으로 뜬 콘텐츠가 단순한 취미 활동에 대한 거라면 크게 상관없을 수도 있어. 하지만 유튜브에는 사회 문제를 이야기하는 콘텐츠도 많다고 했잖아. 만약 소수자에 대해 혐오 표현을 하는 콘텐츠를 보는 사람이 유튜브를 하게 되면 비슷한 영상만 계속 보게 될 거야. 매우 보수적이거나 진보적인 정치적 성향을 가진 사람이 유튜브를 본다면 자신이 지지하는 한쪽의 이야기만 듣게 되겠지. 이렇듯 자신이 보고 싶은 것만 보고, 듣고 싶은 것만 듣게 되면, 서로를 이해할 기회는 더 줄어들고 갈등이 심해질 수 있어. 이런 현상을 필터 버블(Filter Bubble)이라고 불러. 미디어 기업들이 제공하는 개인 맞춤형 정보와 서비스에 과도하게 의존함으로써 정보를 편식하고, 이로 인해 자신만의 정보 막에 갇혀서 바깥세상에는 관심을 두지 않게 되는 현상을 가리키지. 편향적인 콘텐츠에 노출되어서 생각이 한쪽으로 굳어지는 현상이라고 할 수 있는데, 이를 확증편향이라고 부르기도 해.

알고리즘 추천 시스템은 자극적인 콘텐츠를 보지 않는 사람이라도 자극적인 콘텐츠에 노출되게 만들기도 해. 미국 인터넷 언론사 〈복스(Vox)〉는 유튜브의 알고리즘 기반 추천 시스템이 이용자의 상호작용에 반응하고 있다고 밝혔어. 여기서 상호작용이란 추천 버튼을 누르거나 댓글을 다는 등의 활동을 말해. 사람들이 추천 버튼을 많이 누르고 댓글을 많이 다는 영상은 어떤 성격을 가지고 있을까? 자극적인 영상인 경우가 많아. 이런 식의 추천이 콘텐츠 노출에 반영되기에 유튜버들은 점점 자극적인 영상을 많이 내놓게 되지.

〈월스트리트 저널〉의 분석에 따르면 유튜브가 추천 알고리즘으로 이용자들이 머무는 시간을 70퍼센트 이상 늘리고 있다고 해. 이를 위해 이용자의 성향에 맞는 영상은 내용을 따지지 않고 적극적으로 추천하고, 사람들이 관심을 갖는 음모론적인 내용도 자주 추천하고 있었던 거야. 〈워싱턴포스트〉지는 극단주의자들이 유튜브가 가진 추천 시스템의 알고리즘을 악용해 자신들의 사고를 유튜브 이용자들에게 교묘히 심어 가고 있었다고 보도했어. 극단주의자들은 콘텐츠 설명글과 해시태그 등을 통해 자신들이 한쪽에 치우치지 않은 사람처럼 보이게 하는 영상부터 극단주의 성향을 노골적으로 드러내는 동영상까지 세분화해 올렸어. 편향되지 않은 영상은 일종의 미끼가 되었지. 사람들이 중립적인 영상을 보고 난 다음 점점 극단적인 영상으로 빠져들게 한 거야.

유튜브의 알고리즘 추천 시스템에 대해 유튜브 내부에서도 문제 제기가 있었다고 해. 유튜브의 전 엔지니어인 기욤 샬로 (Guillaume Chaslot)는 영국 언론 〈가디언〉지에 이렇게 폭로했어. "체류 시간에만 집중된 유튜브 추천 시스템은 필터 버블과 페이크 뉴스를 발생시킬 수밖에 없었다. 유튜브 동영상의 품질과 다양성 개선을 위한 알고리즘 수정 방안을 제시했지만 채택되지 않았다."

| 심의가 제대로 이뤄지지 않는 이유

Q 그래서 제 사촌동생이 야한 동영상을 보게 된 거군요. 직접 찾지 않아도 교묘하게 빠져들게 하는 거네요! 사람들이 악용할 수 있다고 생각하니 유튜브 알고리즘이 생각보다 심각한 문제인 것 같아요. 유튜브의 알고리즘이 음모론과 허위 정보, 혐오 표현과도 관련 있나요?

A 음모론과 허위 정보, 혐오 표현에 힘을 실어 주는 원동력이 바로 필터 버블과 확증편향이야. 사람은 누구나 보고 싶은 것만 보고 듣고 싶은 것만 듣고, 반대쪽 이야기는 잘 듣지 않으려 하는 경향이 있어. 다양한 성향이나 관심사를 가진 사람들과 어울려 살면서 다양한 목소리를 접하면 자신도 모르게 한쪽으로 치우치는 걸 어느 정도 막을 수 있지. 그런데 인터넷 커뮤니티나 SNS에서는 비슷한 사람들끼리 모여 있게 되는 데다 개인 맞춤형 알고리즘까지 발전하면서 음모론과 허위 정보, 혐오 표현이 유포되는 속도가 더 빨라졌어.

유튜브가 세계적으로 음모론과 허위 정보의 유통 경로가 됐다는 비판이 쏟아지자 유튜브는 2019년 들어 부적절한 내용의 동영상은 추천 리스트에 올리지 않도록 조치를 취하겠다고 발표했어. 하지만 이 조치가 전 세계적으로 이뤄질지 여부는 불분명하고, 정작 콘텐츠를 삭제하지는 않는다는 비판을 받고 있어. 그런데 사실 유튜브 입장에서도 난감한 점이 있어.

Q 뭐가 난감해요? 이렇게 나쁜 콘텐츠가 여러 사람한테 피해를 주고 있는데, 거의 아무것도 안 하는 쪽은 유튜브 같은데요? 명백한 거짓말을 하는 콘텐츠는 지워도 되는 거 아니에요? 피해가 있는데도 손 놓고 있는 유튜브가 뭐가 난감하다는 건지….

A 찬찬히 생각해 보자. 유튜브를 포함해 인터넷 기업들이 음모론과 허위 정보에 소극적으로 대처하는 것처럼 보이는 데는 여러 이유가 있어. 무엇보다 앞서 지적한 것처럼 사실과 거짓이 생각보다 판단하기 쉽지 않기 때문이야. 가령, 우유는 건강에 좋을까 아닐까? 다이어트 콜라는 다이어트에 도움이 될까 안 될까? 이런 질문은 익숙하지만 이 기사, 저 기사마다 내용이 다르고 무엇이 옳은지 확실하지가 않지.
시간이 지나고 나서야 사실 여부가 뒤늦게 밝혀지는 경우도 있어. 코페르니쿠스는 지구가 돈다고 했지만 아무도 믿지 않았지. 당시 사람들은 지구가 우주의 중심에 가만히 있고 태양이 지구 주변을 돈다고 생각했거든. 하지만 사람이 우주에 갈 정도가 된 지금은 지구가 태양 주위를 돈다는 사실을 누구나 상식으로 알고 있지. 세월호 참사 때 정부가 제대로 대처하지 못했다는 주장과 최순실 게이트와 관련된 의혹들도 그래. 지금은 분명히 사실로 드러났지만 처음부터 물증이 있었던 건 아니야. 이렇듯 사실과 거짓은 시간이 흐른 뒤에 밝혀지기도 하고, 관점에 따라 달라지기도 해. 그러니 유튜브도 이를 판단하기가 난감할 거라는 거지.

🔘 말씀을 들어 보니 기준이 모호할 수 있다는 건 알겠어요. 그러면 명확히 밝혀진 것부터 처리하면 되지 않나요? 예를 들어서 경찰이 수사해서 공식적으로 결론을 밝힌 내용이면 사실인 거잖아요. 재판이 끝난 것도 그렇고요. 그런 건 당당하게 지울 수 있을 거 같은데요? 그런 거라도 깔끔하게 해야 유튜브가 자기 할 일을 하는 거죠!

🔘 실제로 그렇게 해야 한다고 보는 사람들도 있어. 그런데 경찰 수사나 재판 결과가 100퍼센트 진실이라고 할 수는 없다는 점에서 고민이 생기는 거야. 예를 들어

볼게. 1996년 삼례 나라슈퍼라는 곳에 강도가 침입해서 도둑질을 하다가 슈퍼 주인을 죽인 사건이 있었어. 이후 인근에 사는 범인이 잡혀서 옥살이를 했지. 그런데 알고 보니 범인은 따로 있었어. 어떻게 된 일일까. 경찰은 사건이 벌어지자 인근에 거주하는 지적 장애인을 의심했어. 경찰이 그에게 겁을 주고 폭력을 행사하니 그가 허위 자백을 한 거야. 이후 경찰은 제대로 수사도 하지 않고 범인을 단정해 버렸지. 이처럼 재판이 끝났고, 뉴스에서 사실이라고 발표한 내용이라고 해도 나중에 거짓으로 밝혀질 수도 있는 거야.

이러니 누군가의 주장만 믿고 허위라고 단정해 개인의 표현물을 지워 버린다면 민주주의의 근간인 표현의 자유를 침해할 소지가 있지 않겠니?

 아휴, 그래도 확실한 것부터 지울 수 있잖아요. 선정적이고 자극적인 거요. 욕하거나 야한 행동을 하거나 누구를 괴롭히는 영상 같은 건 사실인지 아닌지 파악할 필요도 없잖아요. 어떤 영상을 클릭하면 아예 "삭제된 영상입니다"라고 뜨던데, 이렇게 삭제를 하면 되지 않아요?

그런 콘텐츠는 유튜브에서 이미 많이 지우고 있기

는 해. 유튜브가 나쁜 콘텐츠에 제대로 대응하지 않는다는 비판을 많이 받으니까 2017년부터 얼마나 많은 영상을 지우고 있는지 발표하기 시작했어. 자료를 보니 하루 평균 9만 개에 달하는 영상을 삭제하고 있었어. 어떤 영상을 지우냐고? 유튜브에는 '커뮤니티 가이드라인'이라는 게 있어. 이에 따라 과도한 노출이나 성적인 콘텐츠, 유해하거나 위험한 콘텐츠, 증오성 콘텐츠, 폭력적이거나 노골적인 콘텐츠, 저작권을 위반한 콘텐츠를 찾아서 지우고 있어.

그런데 우리 눈에는 여전히 이상한 콘텐츠들이 많이 보이지? 거기에는 몇 가지 이유가 있는데 우선 인공지능 기술이 갖는 한계 때문이야. 유튜브에는 1분에 400시간 분량의 영상이 올라오고 있어서 사람이 일일이 관리하기는 힘들어. 그래서 자동화 프로그램이 중점적으로 콘텐츠를 지우고 있는데, 기계가 이런 콘텐츠를 제대로 인식하지 못하는 경우가 많아. 각 나라의 혐오 표현을 일일이 찾아내지 못하는 건 당연하고, 실제 테러 단체의 영상과 테러 단체가 나오는 영화도 제대로 구분하기 힘들다고 해.

그래서인지 즉각 지워야 마땅해 보이는 영상이 버젓이 유통되고, 반대로 별문제가 없는 영상은 지워 버리는 문제가 발생하고 있어. 한국전쟁 당시 학살 사건을 다룬 다큐멘터리

〈레드 툼(Red Tomb)〉(구자환 감독, 2015)은 유튜브 약관 위반을 이유로 삭제된 적이 있어. 선정성이 지나쳐서였을까? 하지만 이 영화는 극장에서 15세 관람가 등급을 받았어. 표현 수위는 그리 높지 않았다는 의미지. 더 황당한 건 이 영상이 한국어판과 영어판 두 가지 버전으로 올라갔는데 유튜브는 한국판만 삭제했다는 거야. 영상을 삭제하는 기준이 애매하다는 게 드러나지? 다른 유튜버는 생리컵 리뷰 영상을 올려서 어떤 생리컵이 좋은지 설명했는데, 유튜브는 이 영상도 삭제했어. 과도한 성적 호기심을 유발한다는 게 이유였지. 페이스북은 미국의 권위 있는 언론상인 퓰리처상을 수상한 베트남 전쟁의 참상을 다룬 사진에 나체가 등장한다는 이유로 차단했고, 예술 작품에 나체가 나온다고 차단한 적도 있지.

유튜브는 14세 미만 어린이들을 보호하기 위해 2019년 3월부터 어린이가 출연하는 영상에 댓글 기능을 폐쇄했거든. 그런데 어떤 어린이 유튜버의 콘텐츠에는 댓글창이 멀쩡히 남아 있더라고. 황당한 건 성인인 만화가 주호민 씨가 출연하는 유튜브 영상의 댓글창은 삭제돼 버렸다는 거야. 인공지능이 이분을 어린이라고 잘못 인식한 거지.

 그럼 방송 심의를 사람이 하듯이 유튜브도 사람을

아주 많이 고용해서 직접 삭제하게 하면 되잖아요!

유튜브는 모니터 요원들을 많이 고용해서 보완하겠다는 입장인데 사람을 어마어마하게 많이 고용해서 심의를 하게 한다 해도 문제는 여전히 남아. 경계를 넘나드는 표현을 어떻게 처리하면 좋을까? 죄가 없는 사람한테 "저 사람이 살인을 저질렀다"라고 단정하면 허위 사실이지만 "저 사람이 살인을 저질렀을 가능성이 있는 것 같아", "저 사람이 살인을 저지른 것 같아"라고 하면 확신이 아니라 의혹을 제기한 거라고 할 수 있지. 딱 잘라서 거짓말이라고 판단하기 쉽지 않은 거야. 어디까지가 혐오 표현인지 모호한 경우도 적지 않지.

하지만 유럽은 상황이 조금 달라. 유럽은 인종차별적인 혐오 표현을 금지하고 독일 같은 경우에는 홀로코스트를 부인하는 표현은 검열 대상으로 삼는 등 혐오 표현을 적극적으로 규제하자는 합의가 어느 정도 마련되어 있어. 반면 우리나라에서는 혐오 표현이 무엇인지조차 제대로 규정하지 못했고, 아직 사회적인 논의도 많이 이뤄지지 않아서 사람에 따라 다르게 판단할 가능성이 높아.

인공지능이 대단한 줄만 알았는데 다시 봤어요. 사람보다 못한 면도 있네요. 그런데 인공지능이 나쁜 콘텐츠를 지우고 있다고 했잖아요. 만일 인공지능이 잘못 판단해서 영상을 지운다면 동영상을 올린 사람에게는 큰 피해가 되겠어요. 이런 경우에는 유튜브에 따져서 복구할 수 있나요?

물론 나름의 절차를 두고 있긴 하지만 이 역시 불완전해. 유튜브는 가이드라인 위반 콘텐츠가 발견되면 영상을 삭제하거나 그 영상에 노란색 경고 표시를 띄워. (유튜버들은 이 표시를 노란 딱지라고 불러.) 이 표시가 붙으면 그 영상으로는 더 이상 수익을 얻을 수 없기 때문에 유튜버들은 이 노란 딱지를 받지 않도록 신경을 쓰지.

그런데 영상을 삭제하거나 노란 딱지를 붙이는 기준을 알기 힘들다는 게 문제야. 어디를 봐도 선정적이거나 폭력적이지 않은데 노란 딱지가 붙어 버리는 경우가 많았거든. 유튜브의 알고리즘이 완전하지 않아서 콘텐츠의 성격을 제대로 이해하지 못한 거지. 부당하게 영상이 삭제되거나 노란 딱지가 붙으면 이의 제기를 할 수 있는데, 유튜브에서 검토해 보고 별문제가 없으면 영상을 복구해 주고 끝! 왜 노란 딱지가 붙었는지 이유를 설명해 주지는 않아. 그래서 유튜버들은 "원인을 알면 고치기라도 할 텐데 그걸 제대로 알려 주지 않는다"
라는 불만을 갖고 있어.

아주 심각한 경우지만, 이런 문제에 불만을 품은 유튜버가
총격 사건을 벌인 일도 있어. 2018년 미국 캘리포니아주 샌
브루노에 위치한 유튜브 본사에서 누군가가 총을 쏴서 3명이
부상을 입었지. 범인은 나심 아그담이라는 사람이었는데 채
식·동물권·보디빌딩 콘텐츠를 올리는 유튜버였어. 그는 유
튜브의 콘텐츠 정책에 불만을 갖고 있었다고 해. 자신의 콘텐
츠가 차별과 증오 콘텐츠로 분류되어 수익 창출이 제한됐다
며 지속적으로 불만을 표출했지. 물론 그가 올린 영상 중에
실제로 문제가 있는 영상이 있었을 수도 있어. 하지만 그는
자신이 페르시아어와 터키어로 동영상을 업로드하기 시작한
후부터 이런 문제가 생겼다며 의심했고, 그가 항의할 때마다
유튜브는 원론적인 답만 줬기 때문에 분노가 커져 갔어. 그
사람의 범죄가 정당하다는 뜻이 아니야. 다만 그가 불만을 쌓
는 동안 유튜브는 제대로 대응하지 않았다는 거지.

Q 유튜브는 정말 대단한 서비스라고만 생각했는데, 이
렇게 이용자랑 소통하지 않는다는 사실이 놀랍고 화
도 나네요. 뉴스를 보면 해외 기업들이 한국을 무시한다는 식의

내용이 나오던데 혹시 유튜브도 그런가요? 만일 그렇다면 정말 기분이 나빠요!

속상하지만 유튜브가 미국보다 한국에서 소극적으로 대응하는 건 사실이야. 미국의 극우 뉴스 사이트 〈인포워즈(InfoWars)〉라는 곳이 있어. 이 사이트의 운영자인 알렉스 존스는 폭력을 미화하고 비인간적인 언어로 성전환자, 이슬람교도, 이민자를 모욕해 왔어. 그러자 유튜브는 "편파적 발언과 괴롭힘에 대한 우리의 정책을 반복해서 위반할 경우 계정을 종료시킬 수 있다"라고 경고하고 결국 계정을 없애 버렸어. 한국에서도 최근 들어 극단적인 주장을 하는 계정을 삭제하는 경우가 있지만, 미국에 비해서는 여전히 소극적이라는 비판을 많이 받아.

앞서 2017년에 IS 등 테러 단체와 백인 우월주의 단체가 유튜브에 올린 영상에 미국 기업 광고 영상이 노출된 사실이 알려지자 기업이 광고를 중단했다고 했었지? 그때 유튜브는 미국에서 사과 글을 올리고 대책을 발표했어. 하지만 일본의 혐한 콘텐츠에 한국 기업 광고가 붙었을 때는 한국에 아무런 입장도 내지 않았지.

유튜브가 한국의 기자들과 제대로 소통하지 않는다는 점

도 문제야. 어떤 콘텐츠가 논란이 될 때마다 기자들은 유튜브에 입장을 물었지. 그럴 때마다 유튜브는 "개별 채널에 대해 코멘트를 하지는 않는다"라는 답만 반복하고 있어. 그리고 유튜버들을 홍보하는 기자 간담회는 종종 열면서도, 콘텐츠 심의에 대한 기자회견은 단 한 번도 열지 않았지. 외국 기업이기 때문에 한국에 신경을 안 써도 된다고 생각하는 걸까? 페이스북은 2018년 허위 정보 대응에 대한 기자회견을 연 적이 있어서 비교가 되더라.

| 개인정보와 광고

 아까 알고리즘에 의한 콘텐츠 추천 얘기를 해 주셨잖아요. 유튜브를 하다 보면 어떻게 내가 좋아할 만한 걸 알아서 추천하는지 정말 궁금했는데 그게 알고리즘 덕분이었군요. 그런데 구체적으로 어떤 원리인지 궁금해요. 어떤 사람들은 이 원리를 자기 이익을 위해 쓰는 것 같은데, 이용자도 그걸 알아야 당하지 않을 것 같기도 하고요.

 유튜브를 잘 사용하기 위해 원리를 알고 싶다? 좋

은 생각이야. 최대한 알기 쉽게 설명해 보도록 노력할게.

유튜브는 우리 개개인을 너무나 잘 알고 있어. 이것이 실은 유튜브가 공짜지만 공짜가 아닌 이유이기도 해. 우리는 유튜브에 가입할 때 개인정보 수집에 동의 버튼을 누르게 돼 있어. 그 결과 유튜브는 이용자가 어느 국가, 어느 지역에 사는지, 어떤 영상을 얼마나 오랫동안 보는지, 어떤 영상을 끝까지 보고 어떤 영상은 보다가 껐는지 등 수많은 데이터를 가질 수 있게 되지.

이 데이터를 어떻게 쓸까? 유튜브는 이렇게 모은 개인정보를 콘텐츠 추천과 광고 타기팅에 활용해. 어린 친구들이 주로 보는 영상에 노인 용품 광고를 붙이면 그 제품이 잘 팔릴까? 아니겠지. 영상을 보는 사람과 그 제품의 사용자가 다르니까. 거꾸로 말하면 신문이나 텔레비전 방송 광고는 우리에게 필요 없는 제품을 참 많이도 보여 주는 셈이지. 이와 다르게 유튜브는 광고 대상을 설정할 수 있어. 아시아 지역의 20대 여성에게 화장품을 팔고 싶은 기업이 있다고 치자. 그러면 유튜브는 아시아 지역의 20대 여성, 그중에서도 해당 기업의 상품과 연관이 있는 콘텐츠를 본 사람들에게만 광고가 노출되도록 설정할 수 있어. 당연히 구매로 이어질 확률도 높겠지. 기업 입장에서는 광고 효과가 높아지기 때문에 다른 매체보다 유튜브를 선호할 수밖에 없어. 유튜브는 덕분에 돈을 버는 거고.

　이렇게 우리가 유튜브에서 검색을 하고 영상을 보는 순간순간이 다 데이터로 저장되면서, 그 정보가 유튜브의 광고 수익으로 돌아가는 거야. 어쩌면 생각보다 우리의 정보를 더 많이 활용하고 있을지도 모르지. 유튜브가 개인정보를 얼마나 갖고 있고 어떻게 활용하고 있는지는 유튜브에서 밝히지 않는 한 훤히 알기는 어렵거든.

　　내가 어떤 영상을 보았는지, 영상을 어디까지 보다가 껐는지까지 알 수 있다니 소름이 돋아요. 마치 감시당하고 있는 것 같은 기분이 드네요. 컴퓨터에 카메라가 달려 있을 것만 같아요. 그런데 요즘 유튜브뿐만 아니라 다른 인터넷 서비스에도 개인 맞춤 추천이 많이 있잖아요. 온라인 서점에서 책을 추천한다든지 쇼핑몰에서 옷을 추천해 주기도 하고요. 이런 서비스들이 다 우리의 정보를 갖고 있는 건가요? 그러면 우리의 정보를 빼돌릴 수도 있는 거예요?

　　그런 위험이 아예 없다고는 할 수 없지. 인터넷 기업들은 알고리즘 등의 기술에 활용하기 위해 이용자들의 개인정보를 많이 갖고 있는데 이를 남몰래 악용하거나 관리를 부실하게 해서 유출되는 경우가 실제로 많이 있거든.

프랑스의 정보 보호 기관인 정보자유국가위원회(CNIL)가 2019년 구글에 5000만 유로, 우리 돈으로 642억 원에 달하는 벌금을 부과한 적이 있어. 구글이 개인정보를 수집하는 과정에서 어떤 개인정보를 어디에 쓸지 제대로 고지하지 않았다는 이유였지. 비슷한 예가 또 있어. 안드로이드라는 스마트폰 운영 체제가 구글 거잖아. 구글에서 안드로이드폰 이용자들에게 "개인 맞춤형 광고를 보는 것에 동의하십니까?"라고 알림창을 띄우고 동의하도록 만들었지. 하지만 어떤 서비스에 개인정보가 수집되는지 자세하게 알리지는 않았어. 이용자들은 당연히 안드로이드가 관리하는 광고일 거라고 생각했지. 그런데 알고 보니 거기에 동의하면 구글 포토, 구글 맵 같은 구글 서비스는 물론 지메일, 유튜브에도 개인정보를 제공하는 데 저절로 동의하는 셈이었어. 무심코 동의 버튼 하나 눌렀을 뿐인데 수많은 서비스에 개인정보를 제공하는 결과로 이어진 거지. 2019년 한국의 공정거래위원회도 비슷한 이유로 구글코리아에 약관을 고치라는 명령을 내리기도 했어.

미국에서는 2018년 시민단체가 유튜브를 상대로 고소를 한 일도 있어. 미국은 만 13세 미만 아동의 개인정보는 부모가 허락하지 않는 한 수집하지 못하게 했어. 그런데 어린이 전

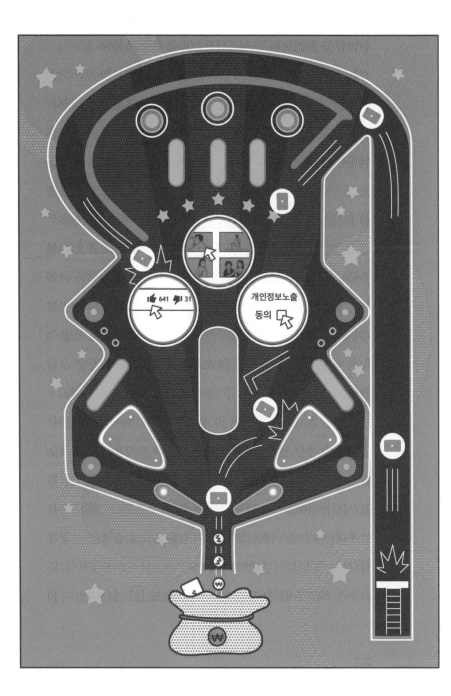

용 유튜브 애플리케이션인 유튜브 키즈에서 맞춤형 광고가 뜨는 거야. 그러자 아동의 개인정보를 수집하는 것 아니냐는 의혹이 불거진 거지. 이 고발에 참여한 시민단체 디지털민주주의센터(CDD)의 대표인 제프 체스터(Jeff Chester)는 "유튜브는 어린이들이 보는 동영상에 어린이 제품 광고를 허용함으로써 수익을 올린다. 유튜브가 어린이들을 광고로 가득한 디지털 놀이터로 유혹하고 있다"라고 지적했어.

유튜브의 모기업인 구글의 개인정보 유출 사태는 여러 번 논란이 됐어. 특히 2013년 벌어진 '스노든 사건'은 세계에 충격을 안겨 줬지. 이 사건은 미국 국가안전보장국(NSA) 전 요원인 에드워드 스노든(Edward Snowden)의 폭로를 말해. 그는 구글을 비롯한 미국의 인터넷 기업들이 이용자들의 개인정보를 제삼자인 정부에 대거 제공해 왔다는 사실을 밝혔어. 구글의 개인정보 관리가 부실해서 유출된 경우도 있어. 2018년에는 구글 서비스에 버그가 발생하여 5000만 명이 넘는 이용자 개인정보가 6일 동안 유출되었지. 이렇게 유출된 개인정보 중에는 한국인의 개인정보가 포함됐을 수도 있어.

유튜브와 함께 전 세계인이 가장 많이 쓰는 SNS인 페이스북은 여러 차례 개인정보를 무단으로 기업에 제공하고 유출한 사실이 드러났어. 페이스북은 2014년 케임브리지대학 심리학과 교수인 알렉산더 코건(Alexander Kogan)에게 '성격 분석 퀴즈' 애플리케이션을 통한 개인정보 수집을 허용했어. 이런 애플리케이션 본 적 있지? '나는 어떤 성격일까'류의 제목으로 묶인 퀴즈 여러 개를 풀고 나면 결과를 알려 주잖아. 사람들은 자신의 성격을 알고 싶다는 호기심에 이 퀴즈를 풀었을 거야. 그런데 이를 통해 수집한 개인정보를 코건 교수는 케임브리지 애널리티카(Cambridge Analytica)라는 데이터 분석 회사에 넘겼다는 사실이 2018년에 드러났어. 이 회사는 2016년 미국 대선 때 도널드 트럼프 후보를 지지했기에, 이용자들의 개인정보가 선거에 활용됐을 가능성도 제기됐어. 2018년에는 페이스북이 관리를 소홀하게 해서 이름, 이메일 주소, 전화번호, 성별, 지역, 결혼 상태, 종교, 친구 목록, 소속 그룹 등의 개인정보가 대량으로 유출된 적도 있어. 무려 9000만 명의 개인정보가 유출됐는데 이 가운데는 한국인 계정 3만여 개도 포함돼 있었지.

큰 문제라고들 하니 개인정보 유출이 심각하다는 건 알겠어요. 그런데 솔직히 개인정보 유출 때문에 큰 피해를 입은 기억은 별로 없어요. 저도 개인정보가 유출되었다는 문자를 받은 적이 있고, 뉴스를 보기도 했지만요. 부모님도

워낙 개인정보 유출이 많이 돼서 별로 신경 쓰지 않는다고 하시던데요?

그렇게 생각할 수도 있겠네. 그럼 이런 사례는 어떻게 생각해? 미국에서 벌어진 사건이야. 2015년 한 대형마트가 고등학생에게 아기 옷과 유아용품 할인 쿠폰을 자꾸 보낸 거야. 그러자 이 학생의 아버지가 노발대발해서 매장에 찾아가 항의를 했어. 그런데 알고 보니 딸은 진짜 임신한 상태였다는 게 밝혀졌어. 도대체 어떻게 된 걸까? 업체가 학생이 구입한 물품 정보를 모아 보니 임산부가 구입하는 물품과 같은 패턴을 보인 거야. 그래서 출산 뒤 필요한 아기 옷과 유아용품 쿠폰을 보냈던 거지.

개인정보가 유출되는 게 별거 아닌 일처럼 보일 수도 있지만, 우리의 정보가 모이면 엄청난 문제를 야기할 수 있어. 데이터를 가진 기업은 가족보다, 때론 나보다 나 자신을 더 잘 알게 될 거야. 누구나 이런 위험에 노출되어 있지. 구글을 통해 메일을 보내고 검색을 하고 일정을 저장하고 메모를 하면, 구글은 이 데이터를 취합해서 나보다 나에 대해 더 많은 정보를 모으게 되니까. 사용자가 SNS나 동영상 사이트에서 어떤 게시물에 '좋아요'를 눌렀는지, 어떤 클럽에 가입했는지를 통해 페이스북은 커밍아웃하지 않은 이가 동성애자인지 아닌지, 어떤 종교를 믿는지도 알 수 있을 정도야.

위치 정보를 활용하는 택시 서비스를 이용한 내역을 모으면 누가 언제 어디로 이동했는지도 알 수 있어. 카드 결제 내역으로 나의 소득 수준과 취향, 사는 지역을 유추할 수 있고, 이를 바탕으로 내가 어느 시간대에 어디로 이동하는지, 가까운 시일에 무엇을 구입할지까지 알 수도 있지. 의료 개인정보를 알게 된다면 내가 어디가 아픈지, 그리고 어떤 병이 재발할 가능성이 높은지 알 수 있게 돼. 이렇게 조각조각 나눠진 개인정보가 모여서 우리의 사생활을 침해할 수 있는 정보로 거듭날 수 있는 거야. 끔찍한 일이지.

앞으로가 더 큰 문제야. 인공지능 기술이 발달하고 알고리즘이 고도화될수록 개개인에 대한 데이터 분석은 점점 더 정교해질 거야. 기업이 개인정보를 많이 가지게 될수록 제삼자에게 몰래 제공하거나 관리 부실로 유출될 가능성이 높아지지. 물론 한국은 개인정보를 제공할 때 본인의 동의를 받도록하고 있어. 하지만 약관을 처음부터 끝까지 읽어 보고 정보제공에 동의하는 사람은 거의 없을걸. 그건 실질적인 동의라고 할 수 없어. 우리의 개인정보를 어떻게 활용하는지 구체적으로 알 수도 없지. 이런 와중에 기업은 4차 산업혁명 시대를 강조하면서 개인정보를 바탕으로 마케팅 효율을 높이기 위해 개인정보 규제를 완화해야 한다는 요구를 하기도 해.

Q 이야기를 듣다 보니 기업에게만 해결하라고 요구하고 손을 놓고 있어선 안 되겠어요. 그렇다고 이용자가 알아서 나쁜 콘텐츠를 전부 거르고, 개인정보가 유출되지 않게 주의하라는 것도 말이 안 되고요. 남은 건 국가가 나서는 일뿐인 것 같은데요?

A 그래, 지금까지 그 얘기를 하지 못했네. 속 시원한 대답을 줄 수는 없을 것 같지만, 다음 장에서 그 문제에 대해 같이 더 생각해 보자.

실시간

실시간 채팅 👤 1.8천 ✕

 ▬▬▬▬ ㅋㅋㅋㅋㅋㅋ

 ▬▬▬ 규제라는 딜레마

 ▬▬▬▬ 국가와 사회의 역할

 ▬▬▬ 유튜브가 신뢰를 얻으려면

 채팅하기

막고,
벌주고,
지우면
해결될까?

chapter 5

즐겨 보는 인터넷 방송이 있어요. 그런데 어느 날 그 방송의 유튜버가 제가 좋아하는 아이돌을 욕하고 근 거도 없이 비방하는 거예요. 아무리 표현의 자유가 있다지만 그렇게 사람을 비난하면 안 되는 거 아닌가요? 참을 수 없어서 바로 신고했어요. 하지만 유튜브에서는 반응이 없더라고요. 버젓이 그 방송은 계속되고 있고요. 허위 정보를 내보내는 인터넷 방송을 이대로 둬도 되는 건가요? 기업이 이렇게 바로바로 대응하지 않는다면 국가라도 나서서 회사를 처벌했으면 좋겠어요.

| 규제라는 딜레마

인터넷 방송을 규제해야 한다는 목소리가 안 그래 도 높아지고 있어. 문제가 있으니 규제하자는 주장 이 나오는 건 당연하지. 하지만 규제라는 결론을 내기 전에 신중하게 생각해 봐야 할 점들이 있어.

앞에서 문제가 되는 영상의 특성을 하나하나 살펴보았지. 유튜브 입장에서는 선정적이거나 자극적인 영상, 가짜 뉴스 라고 불리는 음모론과 허위 정보 중에서 무엇을 지워야 할지 분명하지 않을 수 있다고도 했고. 국가의 규제라는 면에서도 똑같은 문제가 있어. 그래서 음모론과 허위 정보를 처벌하는 민주주의 국가는 찾기 힘들고, 일부 규제를 도입한 나라에서도 무엇을 진실로 보고 무엇을 거짓으로 볼지 모호하기 때문에 규제를 없애야 한다는 지적이 나오고 있지.

한국에는 원래 음모론과 허위 정보를 처벌하는 법이 있었는데 지금은 사라졌어. 계기는 2007년 미네르바라는 필명을 쓰는 온라인 논객이 정부의 경제 정책을 비판하고 경제 상황을 전망하는 글을 써서 인기를 끈 일이었어. 당시 정부는 허위 사실을 유포했다는 이유로 그를 체포했지. 하지만 미네르바는 자신을 처벌한 법에 문제가 있다고 주장했어. 그리고 마침내 법의 적절성을 재판하는 헌법재판소가 해당 조항은 위헌이라는 판단을 내렸지. 당시 헌법재판소의 결정문은 이런 내용을 담고 있어. 좀 어려운 말이기는 하지만 그 내용의 일부를 옮겨 볼게.

> '허위 사실'이라는 것은 언제나 명백한 관념은 아니다. 어떠한 표현에서 '의견'과 '사실'을 구별해 내는 것은 매우 어렵고, 객관적인 '진실'과 '거짓'을 구별하는 것 역시 어려우며, 현재는 거짓인 것으로 인식되지만 시간이 지난 후에 그 판단이 뒤바뀌는 경우도 있을 수 있다. 이에 따라 '허위 사실의 표현'임을 판단하는 과정에는 여러 가지 난제가 뒤따른다. … 공익을 해할 목적의 허위 사

실을 내용으로 하는 통신에 적용하는 것은, '공익' 개념의 모호성, 추상성, 포괄성으로 말미암아 필연적으로 규제되지 않아야 할 표현까지 다 함께 규제하게 되어 과잉금지원칙에 어긋난다.

전기통신기본법 제47조 제1항 위헌소원 판결문 중에서(2010. 10. 28)

복잡하게 들리겠지만 한마디로 사실과 거짓을 무 자르듯 할 수 없으므로, 허위 사실을 말하는 것도 표현의 자유로 남겨야 한다는 결론이야. 음모론과 허위 정보 처벌이 왜 어려운지 잘 드러낸 판결문이지.

혐오 표현은 어떨까. 규제할 정당성이 있긴 한데, 강력한 규제가 꼭 좋은 효과를 낸다고 볼 수는 없어. 독일, 영국, 캐나다 등은 수위가 높은 혐오 표현인 증오·선동 표현을 형사 범죄로 간주하고 있지만, 실제로 처벌하는 건수는 1년에 100건도 채 안 된다고 해. 기준이 모호하기 때문이지. 처벌 기준을 만든다고 해도 어떤 사람은 처벌 기준을 피하면서 혐오적인 의미를 담는 표현을 개발할 수도 있어. 그러면 결국 지능적인 범죄는 처벌 못하고 미련한 사람들만 처벌을 받는 문제가 벌어질 수 있고. 표현의 자유 정도가 낮은 나라에서는 더 어려운 문제야. 이런 경우 혐오 표현 규제가 도입되면 아예 표현의 자유를 억압하는 기제로 남용될 가능성이 높지.

이런 상황에서 인터넷 방송 사업자들이 문제가 되는 영상을 삭제하지 않으면 처벌한다는 법을 만들거나, 특정 인터넷 방송 진행자를 퇴출시킬 수 있는 법을 만들면 어떻게 되겠니? 유튜브를 비롯한 인터넷 방송 사업자들은 처벌을 피하기 위해 수많은 사람들의 영상을 감시할 거고, 혐오 표현인지 아닌지 모호한 내용도 방어적으로 다 지워 버리는 등 과도하게 대응하게 될 거야.

아이돌을 비방하는 방송을 봤다고 했지? 그런 유튜버를 방조했다는 이유로 유튜브를 처벌할 수 있게 됐다고 치자. 그러면 유튜브는 처벌을 피하기 위해 수많은 영상들을 감시하고, 조금이라도 논란이 될 소지가 있는 영상은 마구 지워 버릴 거야. 그로 인한 피해는 누가 받겠니? 고스란히 크리에이터와 이용자들이 받겠지.

 표현의 자유도 좋죠. 처벌하기가 애매하다? 그것도 알겠어요. 하지만 〈런닝맨〉 같은 텔레비전 프로그램은 심의라는 걸 받는다면서요. 그런다고 해서 〈런닝맨〉의 표현의 자유가 억압되었다고 하지는 않잖아요? 인터넷 방송도 텔레비전처럼 누구나 볼 수 있는 방송인데, 왜 텔레비전 프로그램처럼 심의를 받지 않는 거예요? 처벌이 애매하면 아예 처음부터 심의를 하는 편이 낫지 않나요?

알고 있다시피 우리나라에서는 방송통신심의위원
회라는 기구에서 방송과 인터넷 통신 분야 심의를
하고 있어. 그중에서도 방송 분야에서는 프로그램을 만든 사
람들을 불러서 심의위원들이 마치 재판을 열듯이 이것저것
확인하고 문제가 있다고 판단하면 법적인 처벌도 내릴 수 있
어. 우리가 일상적으로 접하는 일이라 이 제도가 당연하다고
여기곤 하는데 사실 한국의 방송 심의는 과도한 편이야. 선진
국에는 이런 심의 시스템이 없거든. 방송사도 이미 자체적으
로 심의를 하는데, 외부에서 또 심의를 한다면 방송사의 자율
성은 떨어질 수밖에 없지. 게다가 심의위원은 정치권에서 추
천한 인사들이기 때문에 과연 공정하고 객관적인 심의가 가
능한가 하는 의문도 있어.

여기서 질문을 하나 할게. 인터넷 방송은 방송일까, 아닐
까? 우리 법은 방송에 공적인 책임을 명시하고 있어. 공적 책
임에는 여러 항목이 있는데, 핵심적인 내용은 방송이 사람의
삶을 존중하고 균형 잡힌 태도를 유지해야 한다는 거야. 방송
이 왜 이런 책임을 갖고 있냐고? 방송은 국민의 재산인 전파
를 빌려 쓰면서 막강한 영향력을 갖기 때문이지. 그런데 인

터넷 방송은? 인터넷 방송도 방송이라는 표현을 쓰지만 실은 방송이 아닌 통신의 영역이라고 할 수 있어. 인터넷 방송에서 '방송'은 일종의 비유일 뿐, 인터넷 커뮤니티에 글을 올리는 것과 마찬가지로 통신상에 올리는 게시물 같은 거지.

물론 여기서 말하는 방송의 정의가 지금 시대에 딱 맞아떨 어지는 건 아니야. 지금은 안테나를 설치해서 전파로 방송을 시청하지 않잖아. IPTV로 인터넷망을 통해 방송을 보는 세상 이 되면서 방송과 통신을 구분하는 벽이 무너지고 있어. 과연 방송이라는 게 무엇인지, 어디까지 방송으로 봐야 하는지 다 시 규정해야 하는 상황인 거지.

그래서 인터넷 방송도 방송으로 간주하거나 아니면 아예 법에 인터넷 방송이라는 새로운 개념을 만들자는 주장도 있 어. 실제로 여러 국회의원들이 인터넷 방송을 규제하는 법안 을 만들기도 했고. 하지만 이런 법안들은 어디까지를 인터넷 방송으로 규정할지 딱 자르기 힘들다는 사실을 외면하고 있 어. 지금 국회에 나온 법안들을 보면 인터넷 방송을 '1명 또는 복수의 진행자가 출연해 제작한 영상'이라고 규정했어. 이 기 준대로 법을 만든다고 생각해 보자. 이 정의에 따르면 유튜브 는 물론 페이스북, 인스타그램, 카카오스토리에 올리는 셀카 영상도 인터넷 방송이 돼. 셀카가 KBS에서 만든 콘텐츠와 똑

같은 책임을 져야 한다면 말이 안 되겠지?

Q 방송통신심의위원회가 인터넷도 심의할 수 있다고
   하셨잖아요. 그러면 방송이 아니라 통신으로 심의하
면 어때요? 그것도 안 돼요?

A 지금도 인터넷 방송은 통신 심의를 받고 있어. 통신
   심의는 방송 심의와 다르게 법적인 처벌까지 할 수
는 없고 경고를 하는 의미로 시정권고라는 걸 내리지. 강제성
은 없지만 아무래도 공적인 기구의 결정이니 사업자들 대부
분이 따르고 있어.

그런데 여기에도 문제는 있어. 아까 한국의 방송 심의 제도
가 지나치다고 했잖아. 통신 심의 제도는 방송보다 더해. 방
송은 그나마 법에 "방송은 공적인 역할을 해야 한다"라고 쓰
여 있으니까 심의를 할 최소한의 이유는 찾을 수 있는데, 인
터넷에는 그런 권한이 분명하지 않거든. 오죽하면 정부의 행
정이 인권을 침해하는지 감시하는 국가인권위원회에서 방송
통신심의위원회가 통신 심의를 해서는 안 된다는 입장을 냈
을 정도야. 프리덤하우스(Freedom House)라는 미국의 국제
인권단체가 있는데, 이 단체는 1980년부터 매년 국가별로 인

터넷 자유 정도를 측정해. 한국은 이 조사에서 '인터넷 자유 국가'가 아닌 '인터넷 부분 자유 국가' 지위를 유지하고 있어. 표현의 자유를 침해할 수 있는 제도가 많고 인터넷 방송을 규제하려는 시도가 있기 때문이지.

규제가 어려운 이유를 지금까지 설명해 주셨는데요. 구체적으로 왜 규제를 이렇게 조심스럽게 해야 하는지는 잘 모르겠어요. 표현의 자유를 지키는 게 혐오 표현을 막는 것보다 더 중요한가요? 규제를 한다고 해서 무슨 문제가 그리 클까요?

그런 의문은 충분히 가질 수 있어. 한번 생각해 보자. 인터넷은 '정보의 바다'라고 할 정도로 끝이 보이지 않는 드넓은 공간이기 때문에 모든 정보를 샅샅이 살펴본다는 건 불가능해. 그렇다면 몇몇 정보에 집중해서 살펴볼 수밖에 없잖아. 정부 또는 권력을 가진 사람들이 영향을 미치는 기구에서 눈여겨볼 정보는 무엇일까? 우리나라에서는 어느 정부든 인터넷을 규제하려는 시도를 했었어. 주로 대통령이나 권력자를 향한 콘텐츠에 대응하려고 했지. 만일 유튜브를 비롯한 인터넷 방송 규제라는 칼을 권력에 주면, 사회적으로 힘이 없는 소수자나 약자를 위해 쓰이기보다는 권력자를 위한 규제가 될 가능성이 높아. 실제로 역대 정부에서 경찰이 방송통신심의위원회에 삭제를 요청한 유튜브 영상은 주로 대통령과 정부에 비판적인 내용들이었어.

규제를 도입하는 게 모두에게 공평한지도 생각해 봐야 해. 만약 친구들과 똑같은 잘못을 저질렀는데 선생님이 나만 혼낸다면 정말 억울하겠지? 인터넷 기업을 규제할 때 실제로 이런 일이 벌어질 수 있어. 똑같은 법이라도 한국 기업은 적용받고 외국 기업은 피할 수 있거든. 2007년 한국에는 인터넷 이용자가 본인 인증을 하고 활동하게 하는 인터넷 실명제가 도입됐어. 당시 인기를 끌던 국내 동영상 사이트들에서 영상을 보고 댓글을 달려면 본인이 맞는지 확인을 해야 하니 이용자들은 매우 귀찮았지. 하지만 해외 사이트인 유튜브는 한국 법의 적용을 받지 않았어. 그러자 유튜브로 사람들이 몰린 거야. 이 시기에 유튜브의 국내 인터넷 방송 시장 점유율이 2퍼센트에서 10퍼센트대로 급성장했어. 만일 한국 기업에만 적용되는 인터넷 방송 규제가 생긴다면 해외 기업들만 이익을 보게 되겠지.

 아휴, 세상에 쉬운 일이 하나도 없네요. 그렇다고 내

버려 둘 수만은 없을 것 같은데, 규제라고 하면 다 안 된다고 하시는 것 같아요. 도입해도 되는 규제가 있긴 한가요?

어떤 규제냐에 따라 다르지. 다 안 된다고 하는 건 물론 아니야. 표현물과 관련한 규제는 자칫하면 표현의 자유를 침해할 수 있으니 역효과를 고려해 신중하게 고민해야 한다는 것뿐이지. 하지만 개인정보 보호 영역은 다른 관점에서 바라봐야 한다고 생각해.

구글에는 구글코리아라는 한국 회사가 있어. 하지만 한국에 권한을 두지 않는 방식으로 교묘히 책임을 피하고 있지. 구글에서 개인정보 유출 논란이 있었다고 했지? 그때 한국 시민단체에서 한국인의 개인정보 유출 내역을 알려 달라고 요청했어. 구글코리아가 뭐라고 답했는지 알아? "자료가 없다"였어. 개인정보 처리는 미국 본사가 담당하기 때문에 구글코리아에는 자료가 전혀 없다는 거야. 시민단체가 구글코리아에 소송을 걸려고 하니까, 구글코리아는 자신들 담당이 아니니 미국 캘리포니아주에 있는 본사에 소송을 걸라고 하기도 했어. 참 뻔뻔하지?

이런 일이 비일비재하니까 제도를 개선해야 한다는 논의가 한국을 포함해 전 세계적으로 이어지고 있어. 자유로운 기업

활동은 보장하는 게 맞지. 하지만 기업이 개인정보를 수집하고 이를 활용하는 과정이 개개인에 미치는 영향이 크기 때문에 공공 영역에서 사회적인 감시와 견제를 받아야 한다는 거야.

 그래서 마련된 대책이 있나요?

 2016년 유럽연합이 발표한 새로운 '개인정보 보호 규정(General Data Protection Regulation)'은 세계적으로 참고할 만한 사례야. 개인정보를 어떻게 보호하고 활용해야 할지 명시한 규범인데 알고리즘 시대에 맞춰서 기존 제도를 대폭 개편한 점이 특징이야. 이 규정은 개인에게 자신의 개인정보 제공을 스스로 결정하고 통제할 수 있는 권리를 부여하면서 개인정보의 주인이 될 수 있도록 했어. 기업이 고객의 민감한 개인정보를 보유할 경우 개인정보 보호 책임자를 두고 관련 이력을 추적할 수 있는 시스템을 반드시 마련하게 했고, 유럽에 본사를 둔 기업이 아니더라도 유럽에서 사업을 하고 있다면 법의 적용을 받게 했지. 또 개인이 기업이 보유한 자신의 정보를 열람할 수 있게 하고, 어떻게 처리하고 있는지 알려 달라고 요구하거나 정보 제공에 대한 동의를 철회할 수 있게 했어. 당사자가 원하지 않으면 인터넷에 올라온 개인정보를 삭제할 수 있는 '잊힐 권리'도 부여했어.

특히 주목해야 할 건 개인정보를 처리하는 기업이 이용자들에게 언제, 왜 우리의 데이터를 모으고 어떻게 처리하는지 누구나 이해할 수 있도록 쉽게 설명해야 한다고 명시한 내용이야. 이를 '알고리즘에 대해 설명을 요구할 권리'라고 부르기도 해. 아직 유럽 기업에서도 어떻게 적용해야 할지 분명하지 않은 상황이긴 하지만, 우리나라에서도 이런 권리를 비롯해 새로운 시대에 맞는 고민을 해야 할 거야.

Q 이 이야기는 결국 표현물은 규제하기 힘들다는 얘기로 들려요. 만약에 혐오 표현이 담긴 영상이나 허위 정보 때문에 가까운 사람이나 저 자신이 피해를 본다면 어떻게 해요? 그래도 가만있는 수밖에 없는 건가요?

A 규제가 없다고 하면 두 손 두 발 다 놓고 있는 것 같다고 생각하기 쉽지. 하지만 누구도 법에서 마냥 자유로울 수는 없잖아. 인터넷 방송을 별도로 규제하지 않더라도 인터넷 방송을 통해 누군가의 명예를 훼손하거나 모욕감을 주면 명예훼손이나 모욕죄로 처벌이 가능해. 아까 말한 아이돌 비방 영상도 정말 문제가 있다면 법적 대응을 할 수 있

어. 방송에서 폭력 같은 범죄를 일으키면 그 자체로 처벌을 받아야 하고. 물론 이런 것만으로 완벽하지 않다는 걸 잘 알아. 하지만 별도의 규제를 만들지 않았다고 해서 손을 놓고 있다는 의미는 아니라는 걸 기억해 두면 좋겠어. 규제 외에도 사업자 스스로, 또 정부와 정치권이 할 수 있는 역할들이 분명히 있기도 해.

| 국가와 사회의 역할

Q 지금까지 얘기해 주신 내용을 들으니 이해가 가면서도 한편으로 허무하다는 생각이 들어요. 혐오 표현을 하는 유튜버가 있어도 기업은 제대로 대응하지 못하고, 국가는 기업이 손 놓고 있어도 처벌하지 못한다는 거잖아요. 나쁜 콘텐츠를 만드는 걸 막거나 처벌할 방법이 딱히 없다면 어떡하나요? 무엇을 해야 할지 잘 모르겠어요.

A 그런 생각이 들게 했다니 미안해지네. 그래도 한번 찬찬히 생각해 보자. 우선 음모론과 허위 정보, 혐오 표현을 비롯한 극단적인 콘텐츠부터.

음모론과 허위 정보는 누구에 대한 내용인지부터 따져 볼 필요가 있어. 대통령이나 정치인에 관한 음모론과 허위 정보에는 당사자가 기자를 만나거나 자료를 만들어서 배포하는 방식으로 충분히 대응할 수 있지. 그들은 일반인보다 소통할 수 있는 힘이 훨씬 강하니까. 설득력이 있는 입장을 내놓으면 논쟁을 하는 과정에서 진실이 드러날 수 있고, 터무니없이 악의적인 주장에 사람들이 동조하지 않게 막을 수 있어.

하지만 사회적으로 힘이 없는 소수자나 약자의 경우는 좀 다르지. 그러니 소통할 수 있는 힘이 약한 이들을 위한 정책을 고민할 필요가 있어. 세계 어디에나 허위 정보와 음모론, 혐오 표현은 난민이나 이민자, 동성애자, 소수 종교인과 민족 등 사회적 약자를 겨냥한 내용이 많아. 이 경우 어느 정도 상식이 통하는 사회라면 허위 정보나 음모론에 사람들이 크게 휘둘리지 않을 거야. 그래서 '상식이 통하는 사회'를 만들기 위한 고민이 필요하지.

그렇다면 무엇을 할 수 있을까? 국가와 사회 차원에서 일부 시민의 왜곡된 인식을 바꾸고 다수가 터무니없는 주장에 동조하지 않도록 홍보나 캠페인을 하는 방식, 또는 소수자 집단을 지원하는 방식을 생각해 볼 수 있어. 혐오 발언의 기준을 제시하고 국가 차원에서 혐오 발언을 인정하지 않는다는 선언과도 같은 차별 금지법 제정이 대안 중 하나로 꼽히기도 해.

가장 중요한 건 교육이야. 교육은 무엇보다 효과적인 규제라고 할 수 있어. 규제를 하면 당장 처벌할 수 있으니 효과가 금세 눈에 띄는 것 같지. 하지만 그런다고 해서 문제가 있는 콘텐츠 제작자나 이들을 따르는 사람들의 인식까지 바꾸지는 못할 거야. 이에 비해 교육은 당장은 아무런 효과가 없어 보이지만 사람들에게 무엇이 문제인지 근본적으로 고민하게 하는 확실한 방법이라고 할 수 있지.

Q 저는 그런 수업을 받아 본 적이 없는데, 어떤 교육을 말하는 거예요? 선생님이 이제 학교에서 민주시민 교육을 한다고 말씀하시던데 그런 건가요?

A 맞아. 민주시민 교육은 우리가 민주사회의 구성원으로서 어떻게 살아가야 하는지 알려 주고 고민하게 하는 교육이야. 유럽, 미국 등에서는 여러 인종과 민족이 한 국가에서 살면서 벌어지는 갈등을 줄이고, 시민이 민주사회의 구성원으로서 다른 구성원을 이해하고 정치에 적극적으로 참여하도록 이런 교육을 하고 있어.

우리나라에서도 민주시민 교육이 본격적인 시행을 앞두고

있어. 민주주의에 대한 지식, 타인을 이해하고 관용하는 자세, 사회·정치적인 문제를 객관적으로 파악하는 사고력, 정치에 적극적으로 참여하는 태도, 대화와 토론으로 문제를 해결하는 기술, 타인과 협력하고 연대하는 능력 등을 가르칠 계획이라고 해. 민주주의 사회에서 어떻게 소통해야 하는지 고민하고 다양한 사람들의 인권을 생각한다면, 유튜브를 비롯한 인터넷 방송 콘텐츠를 만들고 소비하는 사람들의 인식을 바꾸는 데도 긍정적인 영향을 미칠 수 있겠지.

미디어 리터러시(Media Literacy) 교육이라는 것도 있어. 민주시민 교육이 간접적인 영향을 줄 수 있다면 미디어 리터러시 교육은 보다 직접적이지.

네? 미디어 뭐라고요? 말이 어려워요. 그건 무슨 교육인가요? 자꾸 교육이 늘어난다고 하니까 시험 과목만 늘어나는 거 아닌가 싶네요.

이름이 좀 복잡하지? 리터러시(literagcy)는 독해한다는 의미야. 그러니까 미디어 리터러시는 미디어를 독해하는 능력을 기르는 교육이라고 할 수 있어. '교육을 안 받아도 다들 미디어를 잘 보고 있는데?'라고 생각하려나?

미디어 리터러시 교육은 미디어를 평가하고 분석하고 비판적으로 바라보게 만드는 게 목표야. 그저 보고 즐기는 것과는 다르지. 앞에서 다룬 문제들을 고민할 수 있는 교육인 거야. 음모론과 허위 정보가 무엇인지, 신뢰도가 높은 정보와 그렇지 않은 정보는 어떻게 구분할 수 있는지, 유튜브를 비롯한 소셜 미디어에서 접하는 정보를 어떻게 바라보고 이해해야 하는지를 배울 수 있어.

학교에서는 아직 미디어 리터러시 교육을 많이 접하지 못했지? 그런데 미국이나 유럽에서는 이미 수업과 연계하거나 정식 교과목으로 채택하여 적극적으로 미디어 리터러시 교육을 하고 있다고 해. 우리나라에서는 정식 교과목으로 채택되지는 않았지만 자유학기제나 동아리 활동, 일부 교과목 연계 활동으로 조금씩 이뤄지고 있어. 그렇다 보니 정부가 미디어 리터러시 관련 기구를 만들거나, 학교 수업에 적극적으로 도입하도록 지원을 대폭 늘려야 한다는 목소리가 높아. (아직 시험 걱정은 안 해도 돼!)

미디어 리터러시 교육에 유튜브 교육도 포함되나요? 어떤 건지 너무 궁금해요! 학교에서 배우기 전에 미리 알고 싶어요!

미디어 리터러시 교육에도 종류가 많은데 과거에는 신문·방송에 대한 비판적 이해가 중심이었다면 요즘은 유튜브를 비롯한 새로운 미디어를 중심으로 교육이 이뤄지기 시작했어. 캐나다에서는 초등학생들에게 인터넷 보안, 개인정보 보호, 효과적인 검색 방법, 온라인 콘텐츠의 사실과 거짓 여부를 판별하는 방법, 광고 알아차리기 등을 가르치고 있어. 프랑스는 교육부 차원에서 표현의 자유 누리기, 초상권과 사생활 존중하기, 각자의 존엄성 존중하기, 디지털 정체성 등을 교육하고 있고.

외국에서는 언론사도 미디어 리터러시 교육의 주체 가운데 하나야. 영국 공영 방송사 BBC, 미국 라디오 방송사 NPR, 프랑스 일간지 〈르몽드〉 등은 허위 정보 문제에 적극적으로 대응하고 있어. 이들 언론은 새로운 미디어 환경에서 뉴스를 비판적으로 수용하는 매뉴얼 및 가이드라인을 배포했지. 예를 들어 〈르몽드〉는 "디지털 뉴스 읽기 매뉴얼"을 제시했어. SNS에서 접한 정보를 공유하기 전에 진위를 확인하는 방법, 신뢰할 만한 사이트인지 판단하는 방법, SNS 루머 검증 방법, 여론조사 결과 읽는 방법, 음모론을 제기하는 영상을 감지하는 방법 등을 알려 주지. 구체적인 내용은 BBC의 페이크 뉴스 구별 가이드라인을 참고하도록 다음 표에 담아 보았어.

BBC의 페이크 뉴스 구별 가이드라인

☐ 뉴스를 제공하는 매체를 전에 들어 본 적 있는가.

☐ 내가 생각한 뉴스 매체인가, 아니면 비슷하지만 어딘지
다른 매체인가.

☐ 사건이 일어났다고 하는 지역이 지도상에 정확히
나타나는가.

☐ 다른 매체에서 보도한 적 있는 내용인가.

☐ 주장에 대해 하나 이상의 증거가 있는가.

☐ 이 이야기가 아니라 다른 이야기이지는 않은가.

출처: bbc.com "소셜 미디어에 가짜 뉴스 보고하는 법
(How to report fake news to social media)"(2016. 11. 22)

한국에서 이런 리터러시 교육은 아직 준비 단계야. 미디어
관련 기구와 시민·사회단체에서 전국의 미디어 관련 교사,
강사들과 함께 대책을 마련하고 있지.

사실과 거짓 여부를 판별하고, 광고와 정보를 구별
하는 법 같은 걸 가르쳐 준단 말이에요? 우리도 진작
가르쳐 주지! 말만 들어도 궁금한데, 구체적으로 어떻게 그런
걸 배울 수 있어요?

예를 몇 가지 들어 볼게. 우리나라의 한 초등학교에서는 아이들이 직접 기사를 읽게 한 다음에 그 기사에 '빠진 목소리'를 인터넷으로 찾게 했어. '프랑스 파리 노란 조끼 시위'의 경우, 처음 본 신문 기사에는 시위대의 목소리가 빠져 있었는데 다른 기사에는 그렇지 않았지. 이런 활동을 통해 하나의 기사는 완벽하지 않고 여러 목소리가 담긴 정보를 더 신뢰할 수 있다는 사실을 깨닫게 하는 거야.

다른 초등학교에서는 인터넷 방송의 장점과 문제점을 다룬 여러 기사를 읽은 다음 인터넷 방송의 좋은 점, 나쁜 점, 흥미로운 점을 정리하게 했어. 그러면 이 서비스가 가진 문제점이 무엇인지 알아볼 수 있겠지. 또 다른 초등학교에서는 자신들이 보는 유튜브 콘텐츠에 어떤 문제점이 있는지 스스로 정리하고 부모님이 걱정하지 않을 만한 좋은 콘텐츠를 직접 만드는 수업을 했어. 〈상어 가족〉 노래에서 여성과 남성을 바꿔 불러서 성 역할에 대한 고정관념이 어떤 문제를 가지고 있는지 고민하게도 했지.

개인 방송 다이어트 일지를 쓰는 방법도 있어. 어느 플랫폼에서 어떤 방송을 봤는지, 장르는 무엇인지, 그 콘텐츠의 특징은 무엇인지, 진행자는 누구인지, 주제는 무엇인지, 이용 시간은 어느 정도인지, 나는 이 콘텐츠를 보고 어떤 생각을 했는지 등을 일지로 쓰는 거야. 이렇게 기록을 하다 보면 자연스럽게 어떤 콘텐츠를 자주 보는지 알 수 있고, 스스로 문제를 고민할 수 있을 거야. 일지표 형식이야 자유롭게 만들면 되겠지만 다음 페이지에 참고 삼아 제시해 볼게.

| 유튜브가 신뢰를 얻으려면

전 계속 마음에 걸리는 게 유튜브라는 회사예요. 시민과 국가가 이렇게 노력을 하는데, 유튜브도 뭔가 해야 하지 않나요? 어쩌면 노력하고 있는데 제가 눈치를 못 채고 있는 건가요?

유튜브의 가장 큰 고민은 바로 음모론과 허위 정보, 혐오 표현을 담은 콘텐츠라고 할 수 있어. 유튜브는 2018년, 이런 콘텐츠에 대응하기 위해 2500만 달러를 쓰겠다고 밝혔어. 이 돈으로 허위 정보와 음모론을 걸러 낼 수 있는 알고리즘을 개발하고 있지. 또한 허위 정보나 음모론을 담은 콘텐츠가 추천 동영상으로 뜨지 않도록 하고 일부 중요한 역사적 사건을 다룬 영상에는 위키백과, 브리태니커 사

개인 방송 다이어트 일지

개인 방송	플랫폼	장르	특징	진행자	소재 주제	이용 시간/요일	의견

① 개인 방송 다이어트 표를 작성해 나의 개인 방송 이용 특성을 스스로 평가해 보자.

② 나는 좋아하지만 친구는 싫어하는 개인 방송을 선정해 보자. 또는 나는 싫어하는데 친구는 좋아하는 개인 방송을 선정해 보자. 이후 그 개인 방송을 나는 왜 좋아하는지, 친구는 왜 싫어하는지에 대해 의견을 나눠 보자. 두 사람의 의견을 반영해 개인 방송을 어떻게 더 발전된 방향으로 제작할 수 있을지 생각해 보고 함께 기획서를 작성해 보자.

③ 내가 개인 방송을 하고 있다면 그 목적이 무엇인지 생각해 보자. 나는 무엇을 위해 개인 방송을 하려고 하는가? 나에게 가장 중요한 가치는 무엇인가? 개인 방송이 나의 행복에 어떤 영향을 주는가? 어떤 방식으로 나의 개인 방송이 좋아지고 있다고 평가할 수 있는가? 이에 대한 대답을 작성하고 다른 친구들과 이야기해 보자.

④ 개인 방송으로 인해 타인이 입을 수 있는 피해에 대해 생각해 보자. 피해 유형과 피해 정도에 대해 토론해 보자. 이러한 피해를 예방하기 위한 공익적인 주제로 개인 방송 콘텐츠를 만들어 보자.

출처: 《디지털 미디어 리터러시》(심재웅 외 지음. 한울, 2018), 173쪽에서 부분 발췌.

전 등에 실린 신뢰도 높은 정보를 함께 노출하는 서비스를 도입하고 있어.

또 전 세계의 콘텐츠를 대상으로 시사적인 내용인 경우 언론사의 뉴스가 유튜버의 콘텐츠보다 잘 보이도록 알고리즘을 조정하기도 했지. 미국, 영국, 프랑스, 나이지리아, 이탈리아 등 17개국에서는 언론사의 동영상을 더욱 부각하는 톱 뉴스와 뉴스 속보 기능도 선보일 계획이라고 해. 이 같은 정책은 개개인이 자유로운 콘텐츠를 올릴 수 있는 유튜브의 특성과 배치된다는 지적도 있어. 그러나 유튜브는 뉴스만큼은 정확한 정보 전달이 중요하기 때문에 언론사의 콘텐츠를 우선적으로 보여 주겠다는 의지를 보이고 있어.

Q 훗. 뭔가를 하고 있기는 하군요. 그런데 이런 노력들이 별로 눈에 들어오지는 않아요. 혹시 앞에서 얘기하신 것처럼 한국에서만 소극적으로 대처하는 거 아닌가요?

A 일부 기능은 이미 도입했는걸. 지금 유튜브에서 5·18 민주화운동, 세월호 참사 등 키워드를 검색하면 위키백과의 사전 정의가 함께 뜨는 걸 확인할 수 있어. 5·18 민주화운동 관련 키워드를 검색하면 언론사가 만든 뉴

스를 먼저 보여 주기도 하고. 그런데 적용하는 키워드가 그렇게 많아 보이지는 않아.

다른 정책은 지적한 대로 한국에는 다른 국가보다 늦게 도입하거나 도입하지 않을 수도 있어. 유튜브도 노력은 하고 있지만 미국에 비해 이용자가 적은 한국에서는 상대적으로 책임감을 덜 느끼는 것 같기도 해. 허위 정보와 음모론, 혐오 콘텐츠에 대응하려면 콘텐츠 내용을 면밀하게 살필 수 있는 현지 사람들이 심의를 하고 알고리즘 기술도 한국어에 맞게 발전시켜야 할 텐데 과연 한국에 그만큼 투자를 할지…. 유튜브뿐 아니라 글로벌 기업들이 한국에서는 이런 대응에 소극적인 경우가 많아.

구글은 음모론과 허위 정보로 인한 논란이 심해지자 2014년부터 '더 트러스트 프로젝트(The Trust Projcet)'라는 걸 시작했어. 각계각층과 함께 논의한 끝에 믿을 만한 언론사의 기사를 검색 결과 창에서 눈에 더 잘 띄게 했지. 그러면 지나친 검열과 규제를 하지 않고도 사람들이 옳은 판단을 할 수 있게 도울 수 있을 테니까. 그런데 한국에서는 이 프로젝트가 이뤄지지 않았어. (이유는 짐작한 대로야.) 유튜브는 지운 콘텐츠 내역 등을 공개하는 〈투명성 보고서〉라는 걸 낸다고 앞에서도 이야기했지? 그런데 전 세계 콘텐츠에 대한 내용을 추상적으로만 알려 주고 나라별로는 구체적인 내용을 설명하지 않아.
이것도 큰 문제지.

🅀 노력을 안 하는 건 아닌데 한국에서는 소극적인 편
이군요. 이용자가 미국보다 적다고 해서 문제까지
작은 건 아닌데요! 이용자로서 항의 글이라도 보내야겠어요.
음… 그런데 구체적으로 유튜브한테 뭘 해 달라고 요구해야 할
까요?

🅐 핵심은 두 가지라고 생각해. 첫째, 문제적 콘텐츠에
적극적으로 대응하기. 둘째, 콘텐츠 심의와 개인정
보 오남용 등의 문제에 대해 한국의 감시와 견제를 받기.
　첫 번째 '적극적인 대응'이라는 문제는 해외에서 하는 방식
을 한국에서도 시행하면서 풀어 갈 수 있다고 생각해. 앞서
개인정보 규제 논의 때 다른 내용들을 유튜브가 스스로 개선
하고 투명하게 드러내는 것도 하나의 방법이고, 알고리즘 자
체를 보다 의미 있게 바꾸는 노력도 필요해. 구글의 '더 트러
스트 프로젝트'를 유튜브도 도입할 수 있겠지. 국내에서는 카
카오가 인공지능 알고리즘에 의한 뉴스 배열을 도입했어. 사
람들은 보통 자극적인 뉴스를 클릭해서 볼 게 아니니? 그런

뉴스는 뉴스 페이지 상단에 올라갈 테고. 그런데 카카오는 독자가 많이 보는 뉴스만이 아니라 시간을 들여 열심히 읽은 뉴스를 찾아내서 '열독률 높은 뉴스'로 노출하고 있어. 유튜브가 이런 지표를 개발하는 것도 의미가 있을 거야.

한편 투명하게 감시받고 견제받기 위해서는 한국의 인터넷 대기업들이 일하는 방식을 참고할 필요가 있어. 앞에서 확증편향을 부추기는 알고리즘의 위험성을 얘기했잖아. 그래서 네이버는 알고리즘 중심의 뉴스 배열이 어떻게 이뤄지는지, 거기에 어떤 문제가 있는지 전문가들로부터 검증을 받고 그 내역을 2018년에 처음 공개했어. 구체적이지 않다는 지적을 받긴 했는데 시도 자체는 의미가 있지. 이뿐 아니라 네이버는 이용자들이 참여해서 댓글 정책을 고민하게 하는 이용자위원회를 만들었고, 사업자들이 자발적으로 규제하는 자율규제 기구를 통해 실시간 검색어, 연관 검색어 삭제가 적절했는지 감시받고 있어. 신문사에서는 독자편집위원회, 방송사는 시청자위원회를 둬서 보도에 어떤 문제가 있는지 비판을 듣고 소통하면서 문제를 개선하고 있지. 유튜브가 우리나라에서 이런 시도를 한다면 어느 정도는 이용자의 신뢰를 얻을 수 있을 거야.

Q 그런데 유튜브도 기업이잖아요. 돈을 벌려고 세운 게 기업이고요. 게다가 인터넷 기업이 유튜브뿐인 것도 아닌데, 유튜브한테만 이러면 유튜브도 좀 억울할 것 같네요.

A 기업이라 할지라도 사람들의 삶과 사회에 해악을 끼치지 않고 윤리를 지켜야 해. 게다가 유튜브는 영향력이 막강하잖아. 이런 말이 있지. "왕관을 쓴 자는 그 무게를 견뎌야 한다." 유튜브는 어찌 됐건 세계인이 가장 많이 보는 미디어가 되어 막강한 영향력을 갖게 됐어. 유튜브가 알고리즘을 어떻게 조정하고 콘텐츠를 어떻게 심의하느냐에 따라 전 세계가 영향을 받을 수밖에 없지. 그러니 그에 걸맞게 윤리적인 문제가 없는지 스스로 돌아보고 책임을 져야 한다고 생각해.

Q 유튜브뿐만 아니라 인터넷 기업들이 그렇게 스스로 노력한다면 저 같은 이용자들도 계속해서 되묻게 될 것 같아요. 이 뉴스는 공정한지, 이런 표현은 다른 사람에게 상처를 주거나 피해를 입히지 않을지 하는 문제를요.

 그렇지! 유튜브는 결국 이용자들이 만드는 생태계니까 이용자에게도 책임이 있고, 이용자가 책임을 다한다면 지금보다 훨씬 즐겁고 풍요로워질 거야.

다음 장에서는 유튜브를 좋아하는 우리가 이용자로서 어떤 자세를 가져야 할지에 대해 이야기해 보자.

 음모론과 허위 정보에 휘둘리지 않기

나쁜 표현에 맞서기

데이터 주도권을 지키자

오려두기 ｜ 복사하기 ｜ 붙여넣기

| ㅂ | ㅈ | ㄷ | ㄱ | ㅅ | ㅛ | ㅕ | ㅑ | ㅐ | ㅔ |

| ㅁ | ㄴ | ㅇ | ㄹ | ㅎ | ㅗ | ㅓ | ㅏ | ㅣ |

| ⇧ | ㅋ | ㅌ | ㅊ | ㅍ | ㅠ | ㅜ | ㅡ | ⌫ |

| 123 | 🌐 | ㄱ | 간격 | ↵ |

우리도
할 일이
있어

chapter 6

Q 지금까지 국가와 사회, 그리고 유튜브 스스로 어떤 노력을 해야 할지 이야기해 주셨는데요. 국가와 사회가 유튜브를 감시하고 처벌하고, 유튜브는 유튜버를 감시하고 제재하는 데에도 한계가 있다는 걸 알게 됐어요. 그러면 국가와 사회처럼 거창한 차원이 아니라 제가 바로 할 수 있는 일이 있을까요?

| 음모론과 허위 정보에 휘둘리지 않기

A 맞아. 유튜브 환경 개선을 위해 누구보다 가장 노력해야 할 사람은 바로 나 자신이야. 유튜브 안에서 생태계를 이루는 이용자들이 어떻게 하느냐에 따라 유튜브, 나아가 인터넷은 지금보다 더 나은 공간이 될 수도 있고 반대로 더 문제가 심각한 공간이 될 수도 있어. 그러니 우리 자신이 먼저 똑똑하고 현명한 이용자이자 창작자로 거듭나야 해.

Q 딱 짚어서 물어볼게요. 음모론과 허위 정보에 속지 않으려면 어떻게 해야 하나요?

모든 사회 이슈를 정확히 이해하면 음모론과 허위 정보에 속지 않겠지? 하지만 세상에 그런 사람이란 없을 거야. 그러니까 가능한 한 음모론과 허위 정보를 거를 수 있는 몇 가지 방법을 알려 줄게.

가장 중요한 건 근거를 살피는 습관을 만드는 거야. 주장이 설득력을 얻으려면 이를 뒷받침하는 근거가 타당해야 하잖아. 하지만 음모론이나 허위 정보는 근거를 왜곡하거나 조작하기 때문에 믿을 만하지 않아. 근거가 타당한지는 어떻게 아냐고? 엄청나게 어려운 건 아니야. 조금만 자세히 보면 알 수 있어. 문재인 대통령이 금괴 1000톤을 갖고 있다는 주장을 예로 들어 보자. 1000톤이라고 하면 양이 어마어마하다고 느껴지지만 실제로 어느 정도 규모인지는 실감이 잘 안 나지. 이럴 때 포털 사이트에서 국가별 금괴 보유량을 알아보면 깜짝 놀랄 거야. 문재인 대통령이 가지고 있다는 금괴가 우리나라 전체 금 보유량보다 많거든. 근거가 있다면 출처를 자세하게 설명해야 하는데 음모론이나 허위 정보는 대개 출처를 제대로 언급하지 않는 경우가 많아.

주장을 하는 사람을 신뢰할 수 있는지도 살펴봐야 해. 한쪽의 일방적인 주장은 사실이 아닐 확률이 높겠지. 다양한 사람들, 특히 현장에 있었거나 관련 사실을 잘 알 만한 사람들에게 확인한 정보라면 반드시 진실은 아니더라도 조금 더 신뢰할 수 있을 거야. 5·18 민주화운동이 일어난 광주에서는 수많은 시민들이 군부에 의해 학살당했어. 그런데 당시 북한군이 선동해서 폭동을 일으켰기 때문에 진압할 수밖에 없는 상황이었다며 허위 정보를 퍼뜨리는 사람들이 있어. 현장에 있었던 사람들이 일관되게 그건 사실이 아니라고 하는데도 말이야. 그런 주장이 현장에 있던 사람의 증언보다 정확할 수는 없겠지.

정보를 접할 때는 앞뒤 상황을 살펴볼 필요도 있어. 영상을 통해 내가 직접 본 정보조차도 진실이 아닐 수 있다는 생각을 가져야 해. 오디션 프로그램에서 어떤 출연자가 정말 못되게 비춰졌는데, 알고 보니 앞뒤를 잘라 낸 '악마의 편집'이었더라 하는 얘기, 들어 본 적 있지? 인터넷 동영상도 악의적인 편집을 하는 경우가 있어. 난민이 저지른 범죄 현장이라며 유튜브에 동영상이 올라왔는데, 알고 보니 영상 속의 범인은 난민이 아니었던 경우처럼 말이야.

 앞뒤 상황을 따져 본다···. 잘려 나간 앞뒤를 어떻게 따져 볼지 그것도 참 애매하네요. 조금 더 구체적인 방법은 없을까요?

그렇지. 말로 하면 쉽지만 막상 따져 보려면 막막할 거야. 인터넷에는 정보가 무한하게 많은데, 어디서 어떻게 신뢰할 만한 정보를 얻을 수 있을까? 가장 좋은 건 사실인지 아닌지 확인을 하는 거야. 매번 직접 현장에 찾아갈 수는 없으니 인터넷을 활용하는 게 좋겠지. 사실인지 의심되는 이미지가 있으면 구글 등에 이미지 검색 기능을 활용해서 이 이미지가 언제 어느 나라에서 처음 업로드됐는지 찾아보자. 2019년 강원도에 산불이 크게 났을 때 소방관 손 곳곳에 동전만 한 물집이 잡힌 사진이 인터넷에 퍼져 나갔는데, 구글에서 이 이미지를 검색해 보니 2018년에 중국 언론에서 보도한 사진이더라고. 중국 화재 때 촬영한 소방관의 손 사진을 2019년 화재 때 찍은 사진처럼 조작한 거지. 물론 2019년 산불이 일어난 강원도 현장에 있었던 소방관의 손도 성치는 않았을 거야. 하지만 자극적인 콘텐츠를 만들기 위해 다른 데서 '사실'을 끌어다 쓰는 데는 윤리적으로 문제가 있어.

인터넷 커뮤니티나 지식 검색 서비스, 누구나 참여해서 편집할 수 있는 온라인 백과사전 같은 경우에는 한 사람의 일방적인 주장이나 거짓말이 섞일 수도 있어. 정보가 필요하면 언론사의 뉴스를 검색하는 편이 조금 나을 거야. 언론사가 내보내는 기사는 혼자만의 주장이 아니라 기자들이 취재하고 내부에서 검토하면서 다른 기자들도 여러 번 살펴본 끝에 완성되거든. 물론 언론이라고 해서 반드시 옳은 건 아니야. 기자도 실수를 할 때가 있고, 누군가에게 속을 수 있고, 때로는 악의적으로 사실을 왜곡할 수도 있어. 그러니 하나의 사안에 대해서도 여러 언론사에서 나온 기사를 비교해 보면 좋아.

그럼 어떤 언론사의 정보를 믿어야 하냐고? 학계나 언론, 여론조사 업체에서 실시한 조사에서 신뢰도가 높다고 나타난 언론사의 정보를 찾아보면 좋겠지. 요즘은 언론사에서 팩트 체크(fact check)라는 이름으로 유튜브를 비롯해 인터넷에서 돌아다니는 가짜 뉴스를 검증하기도 해. 이런 기사를 찾아보는 것도 도움이 될 거야.

결국 한 가지 사안에 대해 여러 관점을 확인해 보는 게 중요하다는 거군요.

그렇지. 그리고 또 하나 주의할 점이 있어. 같은 신문사에서 나온 기사라도 온라인과 지면 기사가 다를 수 있어. 서울 '건대입구 240번 버스 기사 논란'이라고 들어 봤니? 건대입구역 앞을 지나는 240번 버스에서 아이만 내리고 어머니는 내리지 못했는데 버스 기사가 하차 문을 닫아

버리고는 보호자인 아이 어머니가 항의하자 폭언을 했다는 기사가 쏟아진 적이 있지. 한 신문사는 인터넷판에 "아이만 내렸어요, 엄마 절규 무시하고 달린 240번 버스에 들끓는 분노"라는 제목으로 기사를 냈어. 그런데 이 신문사는 다음 날 "10여 개 인터넷 커뮤니티가 버스 기사 들었다 놨다, 사실 확인도 안 한 채 퍼 날라 애먼 사람 피해"라는 기사를 냈어. 한 언론사가 같은 사안에 대해 180도 다른 기사를 내보낸 거야. 이렇듯 규모가 큰 언론사도 인터넷에서는 인터넷 커뮤니티에 뜬 일방적인 주장을 그대로 받아쓰는 경우가 많아. 자극적인 내용을 경쟁적으로 올려서 더 많은 이용자를 확보해 돈을 벌려고 하기 때문이야. 이런 기사를 어뷰징(abusing)▶이라고 해. 어뷰징 기사는 일반 기사와 달리 기자가 직접 취재를 하지 않거나, 다른 기자가 검토하지 않을 때가 많아. 반면 종이 신문은 기자가 직접 취재하고 기사를 검토하는 기자도 따로 있기 때문에 터무니없는 얘기를 할 확률이 비교적 낮지. 포털 사이트에 오른 기사 중에도 신문 이미지 표시가 된 기사가 있

▶ 어뷰징이라는 말의 사전적인 의미는 오용, 남용이지만 미디어에서 쓰이는 의미는 훨씬 다양해. 게임에서는 편법으로 결과를 조작하거나 부당한 이익을 취하는 경우를 가리키고, 미디어에서는 언론사가 기사 내용보다 자극적인 제목을 달아서 클릭을 유도하거나, 클릭 수를 조작하는 행위, 혹은 같은 기사를 반복적으로 인터넷에 올리는 행위까지 포함하지.

어. 지면에 실린 기사라는 뜻인데, 그 기사는 비교적 신뢰할 만하다고 보면 돼.

말도 안 되는 주장으로 사람들을 속이는 콘텐츠를 발견한다면 곧바로 신고를 하는 것도 중요해. 그러면 내가 속을 뻔한 정보에 다른 누군가가 속지 않도록 돕는 셈이니까. 유튜브나 페이스북 등에는 이런 콘텐츠를 신고할 수 있는 버튼이 있어. 인터넷 기업들이 모든 정보를 일일이 살펴볼 수는 없겠지만 여러 사람이 신고한 영상이 있다면 보다 신경 써서 살펴보겠지?

Q 네, 기억할게요. 하지만 그때그때 검증하고 찾아본다는 게 가능할지 모르겠어요. 누가 그랬다고 하면 저는 쉽게 믿어 버리는 편이거든요. 얼마 전에도 어떤 연예인이 죽었다는 얘기를 듣고 너무너무 놀랐는데, 알고 보니 거짓말이더라고요? 어떤 소식을 듣자마자 '이게 정말 사실일까?' 하고 의심부터 해 보는 게 가능한 걸까요?

A 그렇지. 바쁘고 정신없을 때는 일일이 체크하기 힘들 수 있어. 그러면 우선적으로 하나만 기억했으면 좋겠어. 확인하기 전까지 판단을 미루는 거야. 한쪽에서 일방

적인 주장이 나오고 있을 때, 그게 사실인지 아닌지 좀 더 알아보기 전까지 섣부르게 판단하지 않기! 내가 직접 확인할 수 있는 문제라면 확인해 보면 되고, 아니라면 믿을 만한 사람이나 언론이 취재를 통해 확인해 줄 때까지 기다리자. 잘못된 주장을 퍼뜨리는 사람들은 우리들을 속이는 게 목적이니 여기에 쉽게 휘둘리지 않았으면 좋겠어.

| 나쁜 표현에 맞서기

 퍼뜨리기 전에 조금 기다려 보라는 거지요? 그 정도는 할 수 있을 것 같아요. 그런데 제 고민은 또 있어요. 혐오 표현이나 자극적이고 선정적인 표현이 담긴 콘텐츠는 애초에 보지 않는 게 낫다는 건 알겠어요. 우리가 나쁜 콘텐츠를 볼수록 그런 표현이 많아지고 힘이 더 세질 테니까요. 하지만 가끔 혐오 표현을 한다고 해도 그 외의 다른 면은 너무 좋은 유튜버도 많거든요. 그래서 아예 안 보기는 아쉽고 아까워요.

나도 무조건 못 보게 막는 건 정답이 아니라고 생각해. 음모론이나 허위 정보와 다르게 욕설이나 혐오 표현은 실수처럼 나오는 경우도 많지. 그래서 완벽하게 피하기도 쉽지 않아. 물론 나쁜 의도를 가지고 작정해서 쓰는 사람들도 있긴 하지만.

의도를 갖고 혐오 표현을 쏟아 내는 사람들이 만든 콘텐츠를 볼 때는 곧이곧대로 듣지 말고 비판적으로 생각해 보는 습관을 들이자. 그 사람이 누군가를 욕하면 '맞아. 문제가 있으니 욕을 먹는 거지' 하고 생각하기 전에 '저 사람은 왜 꼭 그런 사람을 비난할까' 하고 생각해 보는 거야. 그러면 나쁜 표현을 하는 사람들에게 휘둘리지 않을 수 있어. 뚜렷한 악의 없이, 혹은 잘 몰라서 문제가 있는 표현을 쓰는 사람이라면 "그런 표현에는 이런저런 문제가 있어요"라고 알려 줬을 때 자신의 잘못을 받아들일 수 있을 거라고 생각해. 우리가 직접 콘텐츠를 만들 때도 마찬가지야. 실수로 문제가 있는 표현을 해서 지적을 받으면, 그걸 받아들이는 자세가 필요하지.

Q 하긴 잘못을 받아들일 수 있다면 그렇게 나쁜 쪽으로만 가진 않겠네요. 그럼 잘못을 인정하지 않는 사람이 만든 콘텐츠는요?

A 혐오 표현을 비롯해 의도적으로 선정적이고 자극

적인 내용을 담은 콘텐츠는 아무리 재밌고 멋있어 보여도 외면해야 해. 그런 콘텐츠를 만드는 이유는 사람들이 반응하기 때문이거든. 반응은 곧 수익과 연결된다고 했지? 우리가 그런 콘텐츠를 무시하고 외면해서, 문제가 있는 콘텐츠는 성공할 수 없다는 사실을 보여 줘야 해.

나쁜 콘텐츠를 만드는 사람에 맞서 직접 행동할 수도 있어. 일본에 재일조선인을 벌레처럼 여기고 차별하는 인종주의자들이 있는데, 일본 시민들이 여기에 맞서 행동하자 인종주의자들이 설 자리가 좁아졌어. 한국에서는 동성애자에 대한 차별이 문제가 될 때마다 동성애자가 아니더라도 그들과 연대하는 사람들이 많아. 꼭 거리에 나가서 집회를 해야 한다는 의미는 아니야. 글과 말과 영상으로도 대응할 수 있어. 유튜브에도 동성애나 여성 혐오에 맞서서 콘텐츠를 만드는 사람들이 적지 않아.

이 외에도 사회의 편견이나 문제에 대응하는 콘텐츠들이 있어. 앞에서 구르님이라는 유튜버 이야기를 잠깐 했었지? 구르님이 운영하는 채널 '굴러라 구르님'은 장애인에 대한 차별적인 표현 문제를 종종 지적해. 그가 만든 영상 중에 "장애인한테 이런 것 좀 하지 마"편을 추천해. 사람들이 장애인에게 자연스럽게 하는 행동 중에 문제적인 행동을 상황극으로 다룬 영상이지. "어쩌다 다친 거야. 수술하면 나을 수 있대?" 같은 질문을 하거나, "특수학교에 왜 안 갔어?"라고 묻거나, 군이 도움이 필요 없는 상황에서 도움을 주려고 하거나, 게임을 하는데 벌칙을 받게 되면 장애인이니까 봐주려고 하는 등 여러 가지 상황이 등장해. 이를 통해 장애인을 동정의 대상으로 대하는 게 그들에게 얼마나 큰 상처가 되는지 보여 주지.

나쁜 콘텐츠를 외면함으로써 혐오 표현이나 허위 정보에 휘둘리지 않겠다는 의지를 보여 줄 수 있듯이, 좋은 콘텐츠를 지지함으로써 건강한 사회를 만들고자 하는 의지를 보여 줄 수 있을 거야.

│ 데이터 주도권을 지키자

인터넷을 통해 개인정보가 나도 모르게 이용되고 유출되는 것도 문제라고 하셨잖아요. 유튜브를 계속 보긴 볼 텐데 만일 개인정보가 줄줄 새 나간다고 해도 유튜브가 그 사실을 알려 주지도 않는다면서요. 그럼 그냥 속수무책으로 당해야 하는 거예요?

쉽지 않겠지만 약관을 꼼꼼히 읽어 볼 필요가 있어. 애플리케이션을 다운로드받고 사이트에 가입할 때마다 그들이 어떤 걸 요구하는지, 우리가 무심코 동의한 내용이 무엇인지 살펴보는 거야. (하지만 정말 어렵다는 건 알아. 약관은 어찌나 길고, 글씨는 또 얼마나 작은지!)

그리고 인터넷에 자신에 대한 기록을 많이 남기지 않았으면 좋겠어. 유튜브에 영상을 올리거나 댓글을 쓸 때 자신, 또는 가족이나 친구의 개인정보를 무심코 담지 않았는지 체크하는 습관을 들이는 거야. 나와 가족에 대한 민감한 정보를 실수로 노출했다가는 누군가가 악용할 수 있거든. 나중에 지우면 되지 않냐고? 인터넷에 한번 올라온 정보는 내가 삭제하더라도 그 전에 이미 누군가 저장해서 퍼 나를 수 있어. 지우고 싶은 내용이 영원히 박제될 수 있는 거지. 그러니 신중해야 한다는 거야.

인터넷 기업이나 제삼자가 우리의 정보를 들여다보는 것도 노력하면 어느 정도 막을 수 있어. 유튜브에는 '시크릿 모드 (secret mode)'라는 게 있어. 이 모드를 선택하면 동영상을 시청한 기록과 검색한 기록이 남지 않아. 다른 웹 브라우저에도 시크릿 모드와 비슷한 기능이 있는데, 이를 적용하면 브라우저에서 이뤄지는 활동을 통해 남기는 정보도 어느 정도 통제

할 수 있어. 인터넷에서 내가 검색해 본 정보와 관련한 광고
가 자꾸 뜬다면 구글 계정 탭에서 '광고 설정' 메뉴를 클릭하
고 '광고 개인 최적화 사용' 설정을 끄는 것도 방법이야.

　인터넷 기업이 개인정보 관리에 소홀할 수도 있어. 그러니
언론에 나오는 소식에 주의를 기울이면서 어떤 개인정보가
유출됐는지, 내가 이용하는 인터넷 서비스 기업이 어떤 점에
취약한지 살펴보면 좋아. 사고가 터졌을 때 기업이 개인정보
유출 여부를 제대로 알려 주는지도 살펴보고, 만일 그렇지 않

다면 시민들이 힘을 모아서 소송을 벌이는 방법 등으로 대응
하면서 우리의 권리를 찾아야 해. 한국에서는 개인정보 유출
사건이 일어날 때마다 시민들이 집단소송으로 대응해 왔어.
카드사 개인정보 유출 사건에 고객 7831명이 함께 소송을 제
기해서 승소한 적도 있지.▶ 소송이라고 하니 어렵고 복잡하

▶   2014년에 카드사 고객의 개인정보 1억여 건이 유출된 사건이 일어났는데, 피해자
    들이 손해배상 소송을 제기해서 결국 2016년에 원고에게 10만 원씩 배상하라는 판
    결이 내려졌어. 개인정보가 유출됐다는 증거를 제출한 5541명은 이에 따라 위자료
    를 받을 수 있었지.

게 들리겠지. 하지만 큰 사건이 벌어지면 시민·사회단체를 중심으로 집단소송을 제기하곤 해. 내가 피해자가 되었을 경우에는 시민단체에 연락해서 신청 절차만 거치면 소송에 참여할 수 있어.

Q 유튜브는 정말 매력적이지만 한편으로는 굉장히 위험할 수도 있는 매체네요. 규제라는 게 그리 간단치 않다는 것도 알게 되었고요. 저부터 인터넷 세상의 한 시민으로서 할 수 있는 일을 고민해 볼게요!

A 맞아. 현실은 우리 생각처럼 간단하지 않아. 어디에든 빛과 그림자가 있고 딜레마가 있지. 우리에게 즐길거리를 제공해 주고 민주주의에도 기여하는 유튜브가 반대로 사람들을 불편하게 하고 괴롭히기도 하니까 말이야. 유튜브에 책임을 요구해야 하지만 유튜브가 우리를 상대로, 또는 정부가 유튜브를 과도하게 규제하게 하는 건 바람직하지 않아. 대안도 명쾌하지는 않지. 그러고 보면 세상 어떤 문제에도 손쉬운 해답이라는 건 없는 것 같아. 그래서 우리가 지속적으로 고민하고 토론하고 공부해야 하는 거지.

지금까지 함께 얘기하면서 유튜브의 두 얼굴을 알게 되었

고, 우리가 유튜브를 이용하는 이용자로서 스스로 무언가 해
야 한다는 사실을 알게 된 것만으로도 의미가 크다고 생각해.
앞으로도 계속 자신의 역할을 고민하면 좋겠어!

진짜 주인이
되려면

'생비자'라는 말이 있어. '생산자'와 '소비자'를 합친 말이야.
영어로는 프로듀서(producer)와 컨슈머(consumer)를 합쳐서
프로슈머(prosumer)라고 불러. 미국의 미래학자 앨빈 토플러
(Alvin Toffler)가 1980년 《제3의 물결(The Third Wave)》이라
는 책을 통해 처음 소개한 개념이지.

  과거 시민들은 미디어의 소비자이기만 했어. 틀어 주는 것
만 보는 수동적인 존재였던 거지. 하지만 유튜브를 비롯한
인터넷 방송 시대에 사는 우리는 더 이상 수동적인 소비자가
아니야. 영상을 스스로 골라 보고 유튜버들과 댓글로 소통하
고 직접 영상을 만들어서 올릴 수도 있어. 1980년 앨빈 토플
러는 유튜브라는 서비스를 상상하지 못했겠지만 생비자라

는 표현은 지금 유튜브를 사용하는 우리들에게 딱 들어맞는
표현이야.

　우리는 오늘도 유튜브를 쓰고 있어. 텔레비전에서는 찾아
볼 수 없는, 내 취향을 저격하는, 친구 같은 유튜버들이 다양
한 영상을 공짜로 쏟아 내지. 이 얼마나 매력적인지! 이 책을
읽는 너희들은 먹방과 게임 방송을 보고, 어린 동생이나 조카
는 키즈 콘텐츠를 보고, 할머니 할아버지는 뉴스를 보실 거
야. 우리는 첫 화면에 들어가서 검색을 해서 영상을 찾아보기
도 하고 구독하는 채널의 영상을 보기도 하고, 영상을 보는
도중에 뜨는 연관 영상, 그 영상을 본 직후에 자동으로 추천
되는 영상들을 볼 거야. 이렇게 영상을 본 다음 구독 버튼을

누르고, 추천이나 비추천 버튼을 눌러. 직접 콘텐츠를 만들어 보겠다며 도전을 할 수도 있지. 그렇기 때문에 우리는 스스로 무척 능동적으로 활동하고 있다고 생각하지. 그런데 이런 생각은 혹시 착각이 아닐까?

유튜브는 기업이 만든 상품이고, 이 매력적인 상품은 돈을 벌기 위해 우리의 개인정보를 활용해 블랙홀처럼 우리의 시간을 빨아들이고 있어. 유튜브로 인해 혁신적이고, 새롭고, 세상에 도움이 되는 콘텐츠도 많아졌지만 반대로 사회를 병들게 하는 나쁜 콘텐츠도 쏟아졌어.

이런 시대에 우리는 무엇을 해야 할까? 사람들은 쉽게 규제하자는 얘기를 꺼내지만, 표현물 규제는 역효과가 크기 때문에 신중하게 논의해야 돼. 유튜브 스스로 노력을 하는 게 바람직하지만 그게 안 된다면 시민들이 유튜브를 견제하고 압력을 주면서 유튜브가 지금보다 더 투명하게 정보를 드러내고 더 적극적으로 이용자들과 소통하게 만들어야 할 거야.

가장 중요한 건 우리 스스로의 역할이야. 유튜브라는 생태계 구성원으로서 문제가 있는 콘텐츠를 거부하고, 맞서고, 좋은 콘텐츠가 유통되는 환경이 만들어지도록 노력해야 하지. 더불어 개인정보를 스스로 통제할 수 있도록 비판적으로 바라보고 고민했으면 좋겠어.

이 책에서는 주로 유튜브에 대한 이야기를 했지만, 사실 유튜브만의 문제는 아니야. 시간이 흐르면 또 다른 서비스가 우리 생활 깊숙이 파고들 수 있어. 대상이 변한다고 해서 고민이 바뀌는 건 아닐 거야. 우리가 사용하는 서비스의 진짜 주인이 된다면, 그 어떤 매체의 시대가 오더라도 현명하게 대응할 수 있을 거야. 이 책이 그런 시대의 주인공일 너희에게 가치 있는 고민을 안겨 주었기를 바라.

참고한 책

책은 《 》로, 논문, 보고서, 언론사 및 온라인 매체는 〈 〉로,
기사는 " "로 표기합니다.

금준경, 《세상에 대하여 우리가 더 잘 알아야 할 교양: 가짜 뉴스, 처벌만으로 해결이
될까?》 내인생의책, 2017

김경희 외, 《디지털 미디어 리터러시》 한울아카데미, 2018

로버트 킨슬 외, 《유튜브 레볼루션》 신솔잎 옮김, 더퀘스트, 2018

브루스 슈나이어, 《당신은 데이터의 주인이 아니다》 이현주 옮김, 반비, 2016

서희정, 〈해외 미디어 동향: 크리에이터 전성시대, 진단과 전망〉 한국언론진흥재단, 2018

원용진 외, 《4차 산업혁명 시대의 미디어 리터러시 교육》 지금, 2018

이두황 외, 〈어린이·청소년 인터넷 개인방송 이용실태조사〉 방송통신심의위원회, 2018

이원태, 〈EU의 알고리즘 규제 이슈와 정책적 시사점〉 정보통신정책연구원, 2016

홍성수, 《말이 칼이 될 때》 어크로스, 2018

"가짜뉴스 기지, 일베에서 유튜브로…20대가 가장 많이 본다" 〈한겨레〉, 2018.9.28

"개인정보 논란 이번엔 유튜브" 〈경향신문〉, 2018.4.9

"경비원 부실선물240번 버스논란, 언론이 '가짜뉴스'다" 〈미디어오늘〉, 2017.10.6

"'광고인 듯 아닌 듯' … 공정위 칼날 피해가는 '인플루언서'" 〈아시아경제〉, 2018.11.30

"구글, GDPR 위반으로 프랑스서 5천만 유로 벌금" 〈블로터〉, 2019.1.22

"'구글도 한국법 따라야' 정보공개 소송 승소" 〈미디어오늘〉, 2015.10.21

"국민 10명 중 7명 '혐오 더 심해졌다' … 대한민국 위협하는 '헤이트스피치'"
〈세계일보〉, 2018.12.28

"네이버, AI로 뉴스 추천 … 사용자 정보 편식 키운다" 〈중앙일보〉, 2018.5.16

"세탁세제·헬륨가스 마시는 아이들… '유튜브에서 배웠어요'" 〈베이비뉴스〉, 2019.1.24

"신문 활용가짜뉴스 감별을 뛰어넘어야 한다" 〈미디어오늘〉, 2019.2.17

"옛 유튜브 알고리즘 담당자가 밝힌 추천 시스템의 비밀" 〈블로터〉, 2018.2.6

"'오바마가 트럼프 욕하네?' AI가 만든 가짜 영상, AI가 족집게처럼 잡아" 〈조선비즈〉,
2018.8.23

"왕관을 쓰려는 유튜브, 그 무게를 견뎌라" 〈미디어오늘〉, 2019. 2. 9

"유튜버 '띠예' 영상, 신고로 삭제됐다고요?" 〈블로터〉, 2018. 12. 26

"'유튜브, 수천만 어린이 정보 불법 수집했다'…美시민단체 제소" 〈연합뉴스〉, 2018. 4. 9

"유튜브 저작권 위반 위험수위… 콘텐츠업체만 속앓이" 〈국민일보〉, 2019. 1. 20

"유튜브 키즈 콘텐츠도 여자아이는 핑크, 남자아이는 파랑" 〈미디어스〉, 2019. 5. 15

"유튜브, 가짜뉴스 추방… '2500만달러 투입'" 〈지디넷코리아〉, 2018. 7. 11

"이제는 유튜브 리터러시가 필요하다" 〈미디어오늘〉, 2019. 3. 10

"'장애인, 슬프기만 해야 하나요?'… 유튜브 굴러라 구르님" 〈뉴시스〉, 2019. 1. 22

"지금 TV에 뜨는 모든 것, 10대들은 아무 관심이 없다" 〈미디어오늘〉, 2016. 8. 27

"'코리아 그랜마' 박막례 "인생은 막례처럼… 오지게 렛잇고'" 〈경향신문〉, 2018. 12. 22

"페이스북 코리아는 가짜뉴스를 거르지 않는다" 〈바이라인네트워크〉, 2018. 9. 6

"페이스북 한국인 개인정보 3만여 개 털렸다" 〈미디어오늘〉, 2018. 10. 15

"프랑스, EU 새 데이터법 적용 첫 제재 구글에 640억 과징금 부과" 〈서울신문〉,
2019. 1. 22

"해외플랫폼 약관 시정권고, 외부감사 의무… '사후약방문' 실효성 의문" 〈기자협회보〉,
2019. 3. 20

"How YouTube Drives People to the Internet's Darkest Corners" 〈THE WALL
STREET JOURNAL〉, 2018. 2. 7

"The rise of YouTube's reactionary right" 〈Vox〉, 2018. 9. 24

"This Analysis Shows How Viral Fake Election News Stories Outperformed
Real News On Facebook" 〈BuzzFeed〉, 2016. 11. 16

"Two years after #Pizzagate showed the dangers of hateful conspiracies,
they're still rampant on YouTube" 〈The Washington Post〉, 2018. 12. 10

사회
쫌 아는
십대
04

유튜브
쫌 아는 10대
즐기는 사용자 + 의로운 감시자 되기

초판 1쇄 발행 2019년 7월 15일
초판 10쇄 발행 2023년 9월 27일

지은이 금준경
그린이 하루치
펴낸이 홍석
이사 홍성우
인문편집팀장 박월
편집 박주혜
디자인 위앤드
마케팅 이송희 · 김민경
관리 최우리 · 김정선 · 정원경 · 홍보람 · 조영행 · 김지혜

펴낸곳 도서출판 풀빛
등록 1979년 3월 6일 제2021-000055호
주소 07547 서울특별시 강서구 양천로 583 우림블루나인 A동 21층 2110호
전화 02-363-5995(영업), 02-364-0844(편집)
팩스 070-4275-0445
홈페이지 www.pulbit.co.kr
전자우편 inmun@pulbit.co.kr

ISBN 979-11-6172-743-1 44300
　　　979-11-6172-731-8 44080 (세트)

이 책의 국립중앙도서관 출판시도서목록(CIP)은 서지정보유통지원시스템
홈페이지(seoji.nl.go.kr)와 국가자료공동목록시스템(www.nl.go.kr/kolisnet)에서
이용하실 수 있습니다.(CIP제어번호 : CIP2019023970)

이 도서는 한국출판문화산업진흥원 '2019년 우수출판콘텐츠 제작 지원' 사업 선정작입니다.

※책값은 뒤표지에 표시되어 있습니다.
※파본이나 잘못된 책은 구입하신 곳에서 바꿔드립니다.